U0801377

西南林业大学“云南省教育厅法律硕士学科建设引导资金”资助

马　平◎主　编
陈　悦◎副主编

法学导论典型案例评析

FAXUE DAOLUN
DIANXING ANLI PINGXI

法律出版社
LAW PRESS · CHINA
北京

图书在版编目（CIP）数据

法学导论典型案例评析 / 马平主编 ; 陈悦副主编. 北京 : 法律出版社, 2024. -- ISBN 978-7-5197-9279-4

Ⅰ. D90

中国国家版本馆 CIP 数据核字第 2024ZS3661 号

法学导论典型案例评析

FAXUE DAOLUN DIANXING ANLI PINGXI

马　平　主　编
陈　悦　副主编

策划编辑 许　睿
责任编辑 许　睿
装帧设计 鲍龙卉

出版发行 法律出版社
编辑统筹 司法实务出版分社
责任校对 朱轶佳
责任印制 胡晓雅
经　　销 新华书店

开本 710 毫米×1000 毫米　1/16
印张 11.25　　**字数** 172 千
版本 2024 年 12 月第 1 版
印次 2024 年 12 月第 1 次印刷
印刷 北京新生代彩印制版有限公司

地址:北京市丰台区莲花池西里 7 号(100073)
网址:www.lawpress.com.cn
投稿邮箱:info@lawpress.com.cn
举报盗版邮箱:jbwq@lawpress.com.cn
版权所有·侵权必究
销售电话:010-83938349
客服电话:010-83938350
咨询电话:010-63939796

书号:ISBN 978-7-5197-9279-4
定价:68.00 元

凡购买本社图书,如有印装错误,我社负责退换。电话:010-83938349

目录

自由还是平等：
从婚礼蛋糕案看宪法上的价值衡量

马　平*

案例摘要：本案例描述了必须要在自由与平等之间作出取舍的美国联邦最高法院的一项司法判决。在公共商业场所因为虔诚信仰拒绝为同性恋者制作婚礼蛋糕的行为，是美国宪法第一修正案所保护的不受强迫表达的言论自由，还是店主在践行其宗教自由？当后者与同性恋者不受歧视的法律权利相冲突时如何作出裁判？美国联邦最高法院在本案中回避了对何者更受保护的衡量，认定两者同样受到宪法和反歧视法的保护，但科罗拉多州民权委员会的应对过程和裁定未能体现“宗教中立”，故而作出了可称为仅关乎程序的判决。婚礼蛋糕案反映了美国社会中不同群体的宪法权利在当代产生的尖锐冲突，特别是在反歧视法的框架下，社会被“权利”和价值观所割裂的现实。美国联邦最高法院作出的这一判决——其中包括多数意见、少数意见与异议，是作为社会理性最主要表达方式的法律被迫要直面这一困境的回应，其是有利于社会整合还是加深了社会分裂，有待未来检验；然而这其中法律人面对复杂社会议题的理性剖析、深入阐述部分，值得仔细咀嚼。在法学/法律知识体系中，结论有的时候并不是最重要的，最重要的是这个结论是如何得出的。

关键词：婚礼蛋糕案　自由　平等　反歧视法　价值衡量

* 马平，法学博士，西南林业大学文法学院副教授，硕士研究生导师。主要研究方向：宪法学、权利理论、生态法学等。

一、引言

当今世界，人类的科技发展日新月异，物质财富积累也达到了有史以来的最高，然而精神领域内的冲突和割裂却从未止息，其中有很多冲突以法律案件的方式呈现在世人面前。如果不能及时建立合理公正的法律规制框架，适时确定在国家治理领域有可能冲突的价值之间的衡量基准，从长久来看，将极大地损害宪法与法律的权威，更严重的将可能导致分裂与冲突，从而危害到国家利益。同时，所有法律制度的运行，都离不开其所依存的法域内根源于政治、疆域和文化演变的历史轨迹之国家治理逻辑。越是历史悠久、疆域广大、民族众多的大国，越需要高超的国家治理理念与技术规则。〔1〕 司法分支当属这种因果联系中的一环，即便享有崇高的“威与德”,〔2〕 也不能脱离这样的背景来解析法律规则或建构司法基准。

美国联邦最高法院从1803年的马伯里诉麦迪逊案后，逐渐确立了对联邦和州立法的合宪性司法审查权力，因此它也被认为是美国的宪法法院。当然，并非所有提出上诉申请的案件都能够进入联邦最高法院。2013年版《美国联邦最高法院诉讼规则》第三章“调卷复审令状之审理”第10条规定：“对调卷复审令状（writ of certiorari）的审查并非（当事人）权利（a matter of right）的问题，而是司法自由裁量权的行使（a matter of judicial discretion）。复审令状申请只有具备确有必要的事由（compelling reason）才会被批准。”〔3〕 一年里联邦最高法院的大法官们批准受理的案件只占提出申请（约8000件案件）之1%，被选中的案件主要分为两大类：一类是宪法解释案件，通常是当事人主张某项联邦或州的立法或政策违反了宪法某条款；另一类是申请判定某项联邦法律的具体含义或适用。〔4〕 进入联邦最高法院的案件，常常是具有重大

---

〔1〕 相关内容参见苏力：《大国宪制：历史中国的制度构成》，北京大学出版社2018年版。

〔2〕 《国语·晋语八》：“民畏其威，而怀其德，莫能勿从。”

〔3〕 *Rules of the Supreme Court of United States*, Adopted April 19, 2013 ; Effective July 1, 2013.

〔4〕 Linda Greenhouse, *The U. S. Supreme Court: A Very Short Introduction*, Oxford University Press, Inc. , 2012, p. 14.

宪法意义，或将产生深远影响的案件。也正因为如此，联邦最高法院的九位大法官意见一致作出判决的情形极为罕见，缘于其司法理念、政治倾向、价值立场甚至个性特征等不同，大法官们对案件判决的考量也常常表现出不同理路，因这些不同，他们通常被外界划分为自由派、保守派或中间派。而且，因为美国联邦最高法院法官一旦任命则终身任职，所以他们对美国法律与社会的影响常常是极为深远的。

20 世纪五六十年代，是自由主义在联邦最高法院高歌猛进的时代。但从 20 世纪 70 年代开始保守主义运动在美国逐渐展开，自由主义虽然也对自身有所调整，但双方在诸如堕胎、同性恋、枪支、移民、宗教等议题上一直分歧巨大，这些分歧随着近年来在反恐、难民（移民）等问题上所面临的两难，愈演愈烈。[1] 联邦最高法院作为宪制秩序里的定分止争者，被迫站在每一个争议的风口浪尖。社会的裂痕在 2016 年以作为女性、民主党人、自由主义者的希拉里败选，持基督教保守主义意识形态的特朗普当选总统为标志，彻底摆在了美国大众面前，这也代表了美国整体内外政策的转向，以往的“政治正确”被公开嘲笑，自由派人士痛心疾首。2020 年民主党人拜登取代特朗普当选总统，两党所代表的两种社会力量仍继续在各种政治和社会议题上进行着博弈。

2018 年的婚礼蛋糕案，是又一件将美国社会的分裂呈现在大法官们面前，期待他们作出重要决断的案件。[2] 就结果而言，本案实际上并没有标志性或转折性的意义，但从价值衡量的角度来审视判决过程，本案则代表了当下美国社会价值观的撕裂，以及不同观点背后的思考和理据典型。

这个判决的表面“中立”，恰好暗示了联邦最高法院向保守立场的悄然过渡，它自然延伸到了 2022 年 6 月 23 日推翻纽约州要求公共场合携带枪支者提供恰当理由（proper cause）的法律，和次日即 24 日推翻联邦宪法堕胎权的

---

〔1〕 相关内容参见［美］杰弗里·图宾：《九人：美国最高法院风云》，何帆译，上海三联书店 2010 年版；高程：《认同危机、社会裂痕与美国对外战略困境》，载《开放时代》2012 年第 7 期等。

〔2〕 See Masterpiece Cakeshop v. Colorado Civil Rights Commission, 584U. S. ____ (2018).

Dobbs案，全面支持了保守主义立场的诉求。[1] 单从婚礼蛋糕案的起因看，是两种重要的宪法价值即宗教自由与平等对待产生了冲突，需要衡量在宪法框架下谁更受保护的问题。立场各异的大法官们需要共同回答：在具体情境下，一旦这两种重要价值不可以被兼顾，代表了公平与正义的法律该何去何从?

二、案例概况

（一）案件与判决

2012年7月，查理·克雷格和戴夫·穆林斯来到位于科罗拉多州中北部城市丹佛西郊的莱克伍德，进入“大师蛋糕店”，准备订制一个婚礼蛋糕。店主杰克·菲利普告诉这对同性伴侣他不为同性婚姻“创作”（create）婚礼蛋糕，但可以售卖给他们其他商品包括非婚礼蛋糕。二人离开后，到另外的店里订制了蛋糕。次日，陪同二人到店的克雷格的母亲电话询问菲利普为何不为其儿子提供服务，菲利普解释说自己信仰的宗教反对同性婚姻，同时也因为科罗拉多州没有承认同性婚姻。其后，这对伴侣将菲利普及蛋糕店告到科罗拉多州民权委员会，称其违反了本州《反歧视法》的规定。该法于2008年的修改中，将性倾向列入了禁止性事由，但科罗拉多州2014年才允许同性婚姻，联邦最高法院判决同性婚姻符合宪法（奥伯格费尔诉霍奇斯案[2]）则在2015年。科罗拉多州民权委员会经过调查、听证等程序，裁决菲利普歧视成立，驳回了他根据《宪法修正案》第1条提出的言论自由和宗教自由主张。科罗拉多州上诉法院确认了委员会的裁决。菲利普不服，在全国宗教性团体的支持下，将本案上诉至联邦最高法院。联邦最高法院九位大法官于2018年

---

〔1〕 两案为：New York State Rifle & Pistol Assn.，INC. v. BRUEN，No. 20 - 843 U. S. Jun 23，2022，纽约州法律要求欲在家庭以外携带武器者需要证明存在恰当理由才可获得拥有并携带隐蔽枪支的无限制执照，联邦最高法院认定这一要求以违反《宪法第二条修正案》的（携带枪支自卫）的方式违反了《宪法第十四条修正案》对州立法的限制；Dobbs v. Jackson Women's Health Organization，本案推翻了50年前的Roe v. Wade案，认定堕胎并非宪法权利，是否允许堕胎的权力应该属于各州。

〔2〕 Obergefell v. Hodges，576 U. S. 644（2015）.

6月以7∶2作出判决，认定科罗拉多州民权委员会没有持守宗教中立（religious neutrality），侵犯了蛋糕店店主菲利普的宗教自由，推翻了委员会的裁决。

在反歧视法框架下，本案缘于同性伴侣不受性倾向歧视的权利与蛋糕店店主践行宗教自由的权利之间的冲突，其实质原本应该是对平等对待与宗教自由这两种重要宪法价值的衡量——这也正是此案身系宗教团体与同性恋群体各自诉求之冲突，全国瞩目的原因。然而，大法官们多数表决通过的这一判决的立足点却是极为狭窄的，仅以相当的理由认定：科罗拉多州民权委员会在对这两种价值进行衡量时，没有做到宗教中立，甚至在一定程度上还表现出了对宗教的敌视（hostility），是缺乏公正性的，故判决推翻委员会的裁决。

换言之，本案判决舍实质判断而就程序说事。鉴于“委员会缺乏宗教中立”这一问题本身的复杂性，本判决多数意见并没有在审理过程中的焦点问题，即案涉行为究竟是言论自由还是宗教自由、是否违反了科罗拉多州《反歧视法》上作出实质性判断，也即没有在《反歧视法》、《宪法第一修正案》所保护的宗教自由或言论自由等更广泛的意义上进一步作出解释和综合认定。但是，在附随意见和异议中，却有直面此冲突的分析。

（二）辩论争议焦点：“拒绝做蛋糕”是什么

通过2017年12月5日举行的法庭辩论（oral argument），以及时隔半年之后于2018年6月4日所作出的7∶2判决书全文，能够看出本案中不同分析理路的巨大分歧，这些立场基本上代表了美国社会中有关本案的大多数观点。

法庭辩论中，上诉人蛋糕店的代理律师瓦格纳认为：委员会的裁决强迫店主菲利普制作同性婚礼蛋糕，违反《宪法第一修正案》所保护的表达自由，因为制作蛋糕的过程是一种信息表达交流行为，而菲利普的宗教信仰反对同性婚姻。在这个过程中，大法官金斯伯格、索托马约尔、布雷耶均提出相似的疑问：制作蛋糕是为了吃掉它。如果制作蛋糕是言论表达，那么厨师做餐食、发型师理发、化妆师化妆等，是否也是言论表达？区别的标准是什么？

如果针对的对象是跨种族婚姻、跨宗教的婚姻又如何？代理律师认为前述例子都不是言论，跨种族、跨宗教的例子那将是针对人（who）而不是言论（what）的问题。首席政府律师弗兰西斯科代表合众国作为支持上诉人的法庭之友出席辩论，认为法院必须在每一个言论自由案件中衡量其是否进入了受保护言论的范畴，大法官们提出的有关种族的例子是比较特殊的，的确属于严格审查之列的狭窄范畴之内，但并非每一个例子都属于此列，而他确信本案是属于这一范畴的案件。与之相对应的是，被上诉方科罗拉多州民权委员会的代理人杨戈律师认为，民权委员会的立场是无论一个人信仰如何强烈都不可以违背反歧视法；被上诉同性伴侣的代理律师科尔认为，如果接受店主菲利普的辩解，那么将带来不可接受的后果，比如，讨厌黑人而不愿给他们做生日蛋糕，认为女人就该在家里的摄影工作室拒绝为女性 CEO 拍照等，这是一种身份基础上的歧视，不能在反歧视法中将种族歧视和同性恋歧视分别对待，否则就将在宪法上置同性恋者于次等地位。

综上，在本案中，上诉方和被上诉方都在围绕“拒绝做蛋糕”这种行为究竟是不是《宪法第一修正案》所保护的一种言论自由（free speech），内含了信息表达（expression of massage），或是不是一种对宗教信条的践行（free exercise of religious），并因此受到言论自由或宗教自由条款的保护而展开辩论。

法院判决却并未就此争议焦点作出直接回答。由著名摇摆票肯尼迪大法官执笔，首席大法官罗伯茨与布雷耶、阿利托、卡根、戈萨奇加入的判决认定科罗拉多州民权委员会在本案中的行为违反宪法的宗教自由条款。肯尼迪大法官指出，在本案中科罗拉多州民权委员会对菲利普先生的信仰既没有尊重也缺乏宽容，而后者在美国宪法、科罗拉多州《反歧视法》之下均应受到中立的对待。三个附随意见分别来自卡根、戈萨奇、托马斯大法官。前哈佛大学法学院院长卡根的附随意见主要是进一步阐述法院判决中的一个理据，即认为科罗拉多州民权委员会对表面相类似案件作出的不同处理乃是正确的：菲利普因宗教信仰拒绝做同性婚礼蛋糕被裁定非法，而其他三个拒绝在蛋糕上书写反同性恋文字的案件——统称“Jack cases”——被裁定拒绝行为合法；

但是该委员会在菲利普案件中的论证（reasoning）偏离了本来道路，没有充分说明其何以作出不同的裁决，反而不当地表现出对宗教的偏见和敌视。布雷耶大法官附议之。第二个附随意见来自戈萨奇大法官，他是由时任总统特朗普提名、于2018年最新进入联邦最高法院的一位大法官，他认为科罗拉多州民权委员会理应对“Jack cases”和菲利普案件作出一致的裁决而不是相反，该委员会因没有适用前后一致的法律规则而丧失了中立性，正是其宗教敌视导致了不同裁决。阿利托附议之。第三个附随意见来自被认为一贯耿直的托马斯大法官，他的观点非常直接地回应了本案辩论焦点：菲利普先生的拒绝行为是在践行宗教自由，并且属于受保护的言论自由（expressive conduct），否则任何法律都可以强迫人们讲话；科罗拉多州民权委员会歧视性地适用州法律侵犯了菲利普先生的宗教自由。戈萨奇附议之。

而金斯伯格大法官主笔异议意见，索托马约尔附议她的意见。个子娇小、却以勇敢女权斗士著称的联邦最高法院历史上第二位女性大法官金斯伯格认为，对菲利普案件和“Jack cases”的不同判决并不足以认定科罗拉多州民权委员会存在违反了宗教自由的宗教敌视，其不同的裁决是因案件本身即为不同；而在听证阶段科罗拉多州民权委员会四人小组里的两个人有贬低宗教的评论，亦不足以成为推翻原判决的正当理由。

（三）举重若轻抑或避重就轻：反歧视法的隐忧

当今整个世界似乎都比以往更为焦虑，正如《起火的世界》书名所暗示的那样[1]，冲突无处不在。亨廷顿、查尔斯·泰勒、彼得·伯格、哈贝马斯等著名学者关于进入世俗时代，灵魂何处安放、宗教处于何种地位、如何处

---

〔1〕 耶鲁大学法学院教授蔡美儿（Amy Chua）于2003年出版的一部著作 *WORLD ON FIRE*：*How Exporting Free Market Democracy Breeds Ethnic Hatred and Global Instability*，揭示任何国家在寻求市场经济时，都必须设法分散财富，财富集中在少数精英手中会令被甩在身后的多数人积怨直至利用民主的方式，对抗市场和全球化。中文版见［美］蔡美儿：《起火的世界：自由市场民主与种族仇恨、全球动荡》，刘怀昭译，中国政法大学出版社2017年版。

理宗教信仰的多元化及其间冲突的论述和分析，都从不同角度回应着这种焦虑。[1] 美国社会的分裂，也是这种焦虑的组成部分之一：自由的美国/宗教的美国，民主的美国/保守的美国，它们互相缠绕：自由是宗教的自由、民主的自由；民主是宗教的民主、保守的民主。一方面，是几十年民权运动、自由主义的信条深入人心，有了美国的“四大政治正确”[2] 这一类社会规则；另一方面，随着对精英主导的社会发展的反思、对个人主义绝对化之反思和保守主义的日益兴盛，回归传统家庭、社会、宗教秩序的呼吁也影响日深。

同时，自二十世纪七八十年代以来，与伦理相关的若干突出议题一直伴随全世界法律的发展，这里包括了“同性恋权利”（gay rights）、“代孕”（surrogate motherhood）、“安乐死”（euthanasia）、“堕胎”（abortion）、“死刑”（death penalty）等，[3] 虽然人类认知的改变与科学技术的进步在法律上带来了一些变化，但争议、分歧远未尘埃落地，特别是因为这些议题几乎都与宗教的世界观、价值观有着紧密联系，宗教力量在论争中发挥着非常重要的作用。

在美国，同性恋、同性婚姻合法化的主导力量来自联邦最高法院。其推理路线可以追溯到1923年：大法官麦克雷诺兹在梅耶诉内布拉斯加州一案的判决中，认定自由权受《宪法第十四修正案》保护[4]，该案判决与两年后的

---

[1] 代表作如2016年上海三联书店出版的查尔斯·泰勒等著的《世俗时代》、2005年上海古籍出版社出版的彼得·伯格等著的《世界的非世俗化》、2020年上海人民出版社出版的尤尔根·哈贝马斯等著的《在自然主义与宗教之间》以及2015年商务印书馆出版的彼得·伯格等著的《宗教美国，世俗欧洲?》等。

[2] 美国的四大政治正确是：不能冒犯少数族裔，不能冒犯女性，不能冒犯同性恋，不能冒犯不同信仰和政见持有者。参见刘瑜：《民主的细节》，上海三联书店2009年版，第182－188页。

[3] See Steven J. Gold, *Moral Controversies*: *Race*, *Class*, *and Gender in Applied Ehtics*, Wadsworth Publishing Company, Belmont, California 1993.

[4] Meyer v. Nebraska, 262 U. S. 390 (1923). 该案判决认定：“自由不仅仅是指身体不受限制，还包括个体人缔结合约……结婚成家……以及广泛意义上那些为普通法长久以来所认定的自由人有序追求幸福所必不可少的权利们。”判决认定政府不能禁止在学校中使用其他语言进行教学等活动。

皮尔斯诉耶稣和圣玛丽姐妹会案判决一起〔1〕，是美国确认实体程序正义（due process）的两大支柱。正是在实体程序正义、一个概括的自由权的基础上，2003 年劳伦斯诉得克萨斯州案推翻了将同性性行为定罪的法律〔2〕；在 2013 年的美利坚诉温莎案中〔3〕，联邦最高法院认定将“婚姻”或“配偶”的法律解释限定于异性之间是违反宪法的；最终，在 2015 年 6 月里程碑式的奥伯格费尔诉霍奇斯案中，联邦最高法院给予同性婚姻与异性婚姻同样的法律地位。托马斯大法官在其婚礼蛋糕案附随意见的最后，提到自己在奥伯格费尔诉霍奇斯案判决的异议中已经指出同性婚姻合法化将会与宗教自由产生冲突，公民个体都将不得不直面卷入或赞同同性婚姻这样的问题，他认为婚礼蛋糕案证明冲突已然显现。毫不夸张地说，这正是自 20 世纪七八十年代同性恋合法化运动以来，美国宪法法律所面对的根本问题之一，也是所有出台了反歧视法律的地区都必将直面的问题。联邦最高法院之所以提审本案，正是因为这一案件昭示了这样的根本性冲突，对整个社会影响甚大。

美国虽然是一个以坚持“政教分离”著称的世俗国家，但其政教分离之宪法原则，却正是来自对宗教自由的重视与确认，宗教自由可以称为美国的立国之本。众所周知，马克斯·韦伯认为是基督新教精神缔造了美国精神。学者杨凤岗认为，美国的政治是包括了民主决议制、代议共和制、总统独裁制的综合体制，它是建国时各方政治势力进行博弈的结果，特别是基督教会多年实践——包括主教制、长老制和会众制——外化为政治制度的结果，历经二百余年变革与移民融汇，美国的灵魂、价值观念、文化认同虽然变得更加绚丽多彩，但基本色调依然是犹太基督文化。〔4〕这种信仰基础在世俗化的

---

〔1〕 Pierce, Governor of Oregon, et al. v. Society of the Sisters of the Holy Names of Jesus and Mary, 268 U. S. 510 (1925). 本案判决认定州不能强迫所有孩子都必须到公立学校上学。

〔2〕 Lawrence v. Texas, 539 U. S. 558 (2003).

〔3〕 United States v. Windsor, 570 U. S. 744 (2013).

〔4〕 参见杨凤岗：《基督教会、民主制度、公民宗教》，载《原道》2013 年第 1 期。

时代，受到了个体从共同体中“脱嵌”（disembedding）的冲击，[1] 自由主义所推崇的权利政治，强调个人权利和政治中立。正如婚礼蛋糕案揭示的那样，当事主体各自主张自身权利具有正当性，当权利要求产生冲突的时候，虽然每位大法官也都各有其信仰与立场[2]，但法律、法院的“中立”依然是极为重要的政治要求。

进言之，现代立法经验表明，政府与法律这种中立的果实之一，就是反歧视法。我国有反歧视法学者认为，反歧视法是第二次世界大战结束以后伴随公民权利运动发展出现的一个新的法律部门。[3] 自从平等成为近代以来政治改革或革命所追求的正当目的，平等权进入了多数国家宪法，并成为第二次世界大战后国际人权宪章的基本原则。为了保障平等这一“至上的美德”，反歧视法应运而生，反歧视法规定什么是将受到法律惩戒的歧视，而据以施加此种歧视的事由被称为禁止歧视事由。在不同国家和地区的反歧视法中，最常见的禁止歧视事由包括了种族、性别、残障、宗教信仰等。[4] 婚礼蛋糕案中科罗拉多州《反歧视法》规定：“直接或间接地基于残疾、种族、宗教信条、肤色、性别、性倾向、婚姻状况、民族来源或血统而拒绝、取消或否定个人或团体平等而充分地享有商品、服务、设施、优惠、住宿等，是不合法的歧视行为。”[5] 毫无疑问，反歧视法将现代法律推进了一大步，使人类尊严得到更多的尊重。然而，反歧视法自身也藏着一个隐忧，此隐忧在婚礼蛋

---

〔1〕 查尔斯·泰勒在其巨著《世俗时代》中，称世俗时代是一个流动时代（the age of mobilization）、一个真实时代（the age of authenticity），人们在不同地方流动，新的消费观念兴起，更强调个人的价值和满足。See Charles Taylor, *A Secular Age*, The Belknap Press of Harvard University Press, 2007, p. 386 – 433.

〔2〕 目前美国联邦最高法院的八位大法官中，有六位天主教徒，两位犹太教徒。

〔3〕 参见周伟：《反歧视法研究》，法律出版社 2008 年版，“序言”。

〔4〕 近年来，在我国司法实践中遇到的主要歧视性事由包括性别、身高、年龄、健康状况、地域、户籍、长相等。

〔5〕 “It is a discriminatory practice and unlawful for a person, directly or indirectly, to refuse, withhold from, or deny to an individual or a group, because of disability, race, creed, color, sex, sexual orientation, marital status, national, origin, or ancestry, the full and equal enjoyment of the goods, services, facilities, privileges, advantages, or accommodations of a place of public accommodation.” Colo. Rev. Stat. § 24 – 34 – 601 (2) (a) (2017).

糕案中展现得很清楚，若要具有可行性，反歧视法必须列举具体禁止性事由和不得进行歧视的具体领域，其带来的问题有三：第一，禁止性事由是否可由立法穷尽？如果不可以，实践中如何认定据某种非列举特征而展开的主张的正当性？第二，不得进行歧视的具体领域包括哪些？譬如公共场合的认定，一个私人派对是不是公共场合？第三，正是本案所争议的焦点，如何认定某种行为（如拒绝制作蛋糕）是针对特定人群（同性恋者、黑人或者其他）还是仅是个人的一种思想/言论表达，表达性言论（expression conduct）的边界在什么地方？这些问题会迫使反歧视法教义不得不走向细密化，即便如此，依然会有新的问题不断涌出。

因此，如果从个案结果角度观察，婚礼蛋糕案判决无疑有避重就轻之嫌。但是，从联邦最高法院一直以来的判决理路而言，似乎这个结论就有些轻率了。本案案件名称是蛋糕店店主诉科罗拉多州民权委员会，判决认定科罗拉多州民权委员会的裁决过程中没有尊重蛋糕店店主的宗教自由，没有体现出反歧视法里所要求的“中立性”，强调宪法、反歧视法均既保护宗教自由也保护同性恋者平等权。正如前文所言，一直以来，联邦最高法院是美国社会重大争议的定分止争者，在反歧视法领域，也曾经作出了重大的贡献。然而随着如信仰平等、种族平等、性别平等、性向平等重大是非的解决，反歧视法必然将走向更加细密化，细密到何种程度才是理性社会所必须？这个度如何把握？婚礼蛋糕案判决令同性恋者失望，但宗教信徒其实也没有得到自己想要的结果——“拒绝做蛋糕”是一种表达性言论。回望同性恋运动这十多年在美国的进程，同性婚姻于 2015 年经联邦最高法院判决获得合法化、平等化，对于具有深厚犹太基督信仰传统、又伴随着保守主义潮流的今日美国社会来讲，激起的涟漪不会不引人注目，引起的冲突不能不慎重对待。联邦最高法院的这一判决，或许正是在这个时代节点上，举重若轻的一种冷处理。

三、结束语

现代国家中的反歧视法，是集中体现以人之自身特质对人加以分类的一种法律。该种法律的出发点是追求平等对待所有人，这可谓是一种人类社会的终极正义，然而正如前文所述，其间的权利与利益衡量绝非易事。有学者认为，2015 年判定同性婚姻合宪的“奥伯格费尔诉霍奇斯案”表明美国联邦最高法院的司法能动主义（judicial - activism）已经进展到了一个新的阶段：不仅要决定美国宪法乃至美国政治的核心争议，而且要决定西方文明甚至人类文明的重大问题。[1] 而 2018 年的婚礼蛋糕案，却又似乎在这一立场上产生了退缩，不再一味追求实质正义的界定，而是退到仅就程序公正作出裁断。对于能否在对外商业场所以拒绝为特定人群提供服务的方式践行自己的宗教信条这个很容易引起对立双方全面“战争”的议题，联邦最高法院只强调了双方均受到宪法和反歧视法保护，没有作出进一步的判断。或许因为一旦作出了相应的判断，将会进一步加深社会的分裂。这也正是被认为属于“自由派”的布雷耶、卡根两位大法官加入多数意见的内在原因吧。婚礼蛋糕案被认为没有解决任何问题，该联邦最高法院判决不能够成为未来任何案件的先例，这样一个判决，放在历史的长河中观察，究竟是否有助于以一种“中立”的态度来规范不同价值和利益诉求，这种“中立”态度是否有助于促进多元化社会的整合，有待未来检验。

婚礼蛋糕案反映了美国社会中不同群体的宪法权利在当代产生的尖锐冲突，特别是在反歧视法的框架下，社会被权利和价值观所割裂的现实。在公共商业场所因为宗教信仰拒绝为同性恋者制作婚礼蛋糕的行为，是《宪法第一修正案》所保护的不受强迫表达的言论自由，还是店主在践行其宗教自由？当后者与同性恋者不受歧视的法律权利相冲突时如何做出裁判？美国联邦最高法院在本案中回避了对何者更受保护的衡量，做出了仅关乎程序的判决。本案的审理与判决表明，以人之分类为基础的反歧视法律自身必将面对不断细化的问题。本案判决书中的多数意见、少数意见与异议，是作为社会理性最主要表达方式的法律被迫要直面自由与平等之冲突困境的不同回应，其多数意见体现了法律人面对复杂社会议题的理性衡量与妥协精神。一方面，是

---

[1] 参见刘晗：《美国同性婚姻权裁决的三重语境——平权运动、美国宪法与西方文明》，载《中外法学》2018 年第 1 期。

美国国内基督教保守主义影响日渐扩大，因此与同性恋、堕胎等直接产生冲突对抗；另一方面，以伊斯兰教名义来实施恐怖袭击、展开暴力活动、建立极端组织等现象也在全球范围内蔓延，包括美国。也就是在 2018 年 6 月开庭期末，联邦最高法院发布了有关“禁穆令”一案的判决，认定特朗普总统是“合法地行使法律赋予他的广泛裁量权”，从而推翻了第九巡回法院的判决。[1] 此前总统禁令公布时引起了美国国内外的轩然大波，政府分支、司法分支中均有官员直接站出来反对，社会也聚讼纷纭。联邦最高法院的最终判决，算是将争议在法律上告一段落，但远不能弥合不同观点。

卡多佐在 1921 年发表的《司法过程的性质》中讲道：“你们也许会说，这个世界上并没有什么东西保证法官会比其他人对他们时代的道德习俗的解释更为明智和更为真实。我并不打算否认这一点，但是，在我看来，这话又说得很不在点子上。这里的要点更多在于人们将这一解释的权力放置在什么地方，而政制的习惯又已经将之放在法官的手中。”[2] 然而，从婚礼蛋糕案判决结果来说，美国联邦最高法院是否能够继续保持其崇高地位，在“起火的美国”作为“社会正义的最后一道防火墙”发挥作用，前景堪忧。婚礼蛋糕案判决 30 多天后，82 岁的肯尼迪大法官宣布将于 7 月退休。随后特朗普总统提名布雷特·卡瓦诺（Brett Kavanaugh）继任，卡瓦诺于当年 10 月 8 日宣誓就职大法官；金斯伯格于 2020 年 9 月 18 日因病去世，作为该院历史上的第二位女性大法官，她在联邦最高法院任职的 27 年里，是坚定的自由派，一直以宪法平等权为理据在案件审判中维护少数群体权利。特朗普总统赶在下一届总统选举之前，不顾民主党的反对提名任命了其任内第三位大法官：在移民和堕胎等议题上持保守态度的 48 岁女性艾米·科尼·巴雷特（Amy Coney Barrett）于 10 月 26 日宣誓就职。

---

[1] “禁穆令”是指 2017 年 1 月 27 日特朗普签署的一份名为“阻止外国恐怖分子进入美国的国家保护计划”的行政命令，禁止伊拉克、叙利亚、伊朗、苏丹、索马里、也门和利比亚七国公民未来 90 天内入境美国。9 月的时候此禁令有所更改，新的旅行禁令包括乍得、伊朗、利比亚、朝鲜、叙利亚、委内瑞拉、也门和索马里八个国家，在大多数情况下，来自这八个国家的公民将被禁止入境美国或者接受更为严格的筛选和审查。

[2] [美] 本杰明·卡多佐：《司法过程的性质》，苏力译，商务印书馆 1998 年版，第 84 页。

目前呈现6:3保守占多数的联邦最高法院将在很长一段时间内主导美国宪法的发展。它于2022年6月以5:4推翻了罗诉韦德案，认定联邦宪法中不存在堕胎权，各州有权自行决定是否允许堕胎；同月，又以6:3推翻了纽约州1913年制定的《枪支法》，托马斯大法官主笔的多数意见认为该法违宪地干涉了人们在公众场合自卫的权利，判决使公众场合（除敏感地点外）隐蔽携带枪支成为合法行为。

与这种隐藏的保守主义伏线暗合的，是另一种法制传统的延续和复兴。俄罗斯联邦宪法法院院长在一篇题为《全球化世界里的社会整合挑战》的演讲中，认为“不侵犯他人的自由中‘他人的自由’，指的是作为整体的人类的自由。每个个体人的自由唯有放在整体人类的持续与发展之下才是可能的”。[1] 展望美国联邦最高法院司法理念的未来走向，谁又能保证两种传统不会殊途同归呢？司法裁判在法律规范与现实行为之间搭起桥梁的方式，就是勾勒确切的定义和边界，在所有涉及对特定族群/群体“歧视”“侮辱”“排斥”这类术语的境况下，给出一个糅合了本国历史传统、文化现况、当下国情的法律界定，所谓法官自身之“民主”、“自由”、“保守”或“激进”诸倾向，在司法过程中均应有所克制。

四、思考题

1. 论述自由与平等两种价值成为宪法权利的过程。
2. 论述宪法权利的价值排序问题。
3. 论述本案判决中各位大法官的价值立场及其理据之概要。
4. 论述司法能动主义与司法谦抑主义。
5. 论述联邦（中央）与州（地方）的立法分权问题。

---

〔1〕 Valery D. Zorkin, *Challenges of Social Integration in the Globalized World*, in Global Constitutionalism and Multi – Layered Protection of Human Rights, edited by SNU Asia – Pacific Law Institution, Constitutional Court of Korea, 2016, p. 495 – 502.

五、附录

1. Masterpiece Cakeshop v. Colorado Civil Rights Commission, 584 U. S. ____ (2018).

2. Obergefell v. Hodges, 576 U. S. 644 (2015).

3. United States v. Windsor, 570 U. S. 744 (2013).

4. New York State Rifle & Pistol Assn. , INC. v. BRUEN, No. 20 – 843 (U. S. Jun. 23, 2022).

5. Dobbs v. Jackson Women's Health Organization, No. 19 – 1392 (U. S. Jun. 24, 2022).

6. Roe v. Wade, 410 U. S. 113 (1973).

7. Lawrence v. Texas, 539 U. S. 558 (2003).

8. Meyer v. Nebraska, 262 U. S. 390 (1923).

9. Trump et. al v. Hawaii et. al, 585 U. S. ____ (2018).

10. Pierce, Governor of Oregon, et al. v. Society of the Sisters of the Holy Names of Jesus and Mary, 268 U. S. 510 (1925).

案例学习说明

一、学习准备

1. 提前一周布置阅读判决书。梳理判决多数意见、附随意见和异议的内容，课前一天提交案例梗概小报告。

2. 学生自主选择分为五组，分别对五道思考题进行剖析与回答，准备汇报。

二、适用对象

主要是法学专业本科以上学生，或对法律案件具有浓厚研习兴趣的思考者。

三、学习目标

本案例聚焦基本权利的内涵及其发生冲突时的价值排序问题，同时也延伸到大法官自身价值立场对判决的影响等问题。本案例需要解决的关键问题即本案例教学的目的，在于引导学生通过对司法判决的深入分析，了解实践中出现的权利冲突，理解不同司法理念背后的立场及其理据，进而掌握基本权利之内涵、界限与保护方式，巩固法学基本知识体系。

四、要点分析

（一）自由与平等两种价值成为宪法权利的过程

以本案诉因，即蛋糕店店主主张宗教信仰基础上的表达自由而拒绝制作同性婚姻蛋糕，其与州立法保护同性恋者不受歧视的平等权发生冲突这一争议问题，追溯至近代立宪主义发展过程中，自由权与平等权逐渐成为基本权利的重要文献、历史性判决等概况介绍，最后集中于美国建国以来其宗教自由和性少数平等权利的认定与保障状况。

近代资产阶级兴起时，首要的权利诉求就是自由权，特别是人身自由、经济自由、雇佣自由等发展生产力必须的自由权利，典型历史文献如1215年英国的《大宪章》，1689年的《权利法案》，1791年美国的《宪法》。这种从经济发生的权利最终也推动了社会观念的变化和上层政治制度之变革。同时，反对贵族和教士特权的诉求，从资产阶级逐渐扩大，成为后来社会平等的滥觞，典型历史文献如法国1789年的《人权宣言》，继而推动阶级平等、民族平等、种族平等、性别平等等成为主流话语。为了保障平等这一“至上的美德”，反歧视法应运而生，反歧视法规定什么是将受到法律惩戒的歧视，而据以施加此种歧视的事由被称为禁止歧视事由。在不同国家和地区的反歧视法中，最常见的禁止歧视事由包括了种族、性别、残障、宗教信仰等。自由权和平等权是近代以来人权体系的两个重要支柱，以此为基础形成了第二次世界大战之后以国际人权宪章（世界人权宣言 + 经济、社会和文化权利国际公约 + 公民权利与政治权利国际公约）为核心的国际人权体系。

（二）宪法权利的价值排序问题

宪法基本权利是一个价值体系，就文本安排而言反映了立宪者一种宏观层面的价值立场，而在具体的基本权利争议案件中，则常常要求法官进行一定的利益和价值之衡量。这种衡量根源于其政治、传统、文化演变以及国家治理的历史轨迹，随时代变迁而有所变化，因此不同价值在不同时代或案件中可能会有不同的排序结果，历史表明，国家主流意识形态的变化会深刻影响这种价值排序。

这一部分会引起较大的争议，从不同角度或立场出发将会得出不同的价值排序，因此可以推动学生进行宪法基本权利的体系性思考，把握宪法学基本原理中较具有稳定性的部分。

本案例缘于同性伴侣不受性倾向歧视的权利与蛋糕店店主践行宗教自由的权利之间的冲突，其实质原本应该是对平等对待与宗教自由这两种重要宪法价值的衡量——这也正是此案身系宗教团体与同性恋群体各自诉求之冲突，全国瞩目的原因。然而大法官们通过判决仅仅认定，科罗拉多州民权委员会在对这两种价值进行衡量时，没有做到宗教中立，甚至在一定程度上还表现出了对宗教的敌视（hostility），是缺乏公正性的，推翻委员会的裁决。鉴于"委员会缺乏宗教中立"这一问题本身的复杂性，本判决多数意见并没有对在审理过程中的焦点问题，即案涉行为究竟是言论自由还是宗教自由、是否违反了科罗拉多州《反歧视法》上的平等对待作出实质性判断。从这样的判决结果倒推，同性恋群体并未胜利，而保守主义者虽然没有得到"拒绝做蛋糕"就是宗教自由的认定，但"缺乏宗教中立"这个结论，立场上还是倾向于保护宗教自由的，认为科罗拉多州民权委员会在裁决过程中不够公正，表现出了对宗教（信教者）的歧视。

因此会有学者认为，2015 年判定同性婚姻合宪的奥伯格费尔诉霍奇斯案表明美国联邦最高法院的司法能动主义（judicial - activism）已经进展到了一个新的阶段：不仅要决定美国宪法乃至美国政治的核心争议，而且要决定西方文明甚至人类文明的重大问题。然而自由主义对个体价值的尊重与追求一直也在受到保守主义势力的阻遏，2018 年的婚礼蛋糕案，就体现了从自由主义这一立场上进行了退缩，不再一味追求实质正义，而退到仅就程序公正作出裁断。

（三）本案判决中各位大法官的价值立场及其理据之概要

美国联邦最高法院有九位大法官，大法官根据宪法由总统提名、经参议院听证审核任命，可以终身任职。正如特朗普2020年9月25日在竞选集会上所言："人们常说，（作为总统）你能做的最大的事情就是任命法官，特别是任命最高法院的大法官。这是一个总统能做的最大的一件事，因为它将为国家定下40年、50年的基调。"[1] 从该院的发展历史来看，总统在提名环节基本上都是依据自身的立场选择被提名者，且存在默认的规矩，即被提名者应大体上持与其所继承的退休/去世的大法官接近的立场。民主党总统会倾向性地选择持有自由主义立场的法官，共和党总统会选择持有保守主义立场的法官，虽然最终进入联邦最高法院的大法官也有改变立场的情形，然而总统提名作为第一道筛选还是至关重要的（见图1）。典型的如特朗普总统任期内获得了三位大法官的提名机会，他将三位持保守立场的大法官送入了联邦最高

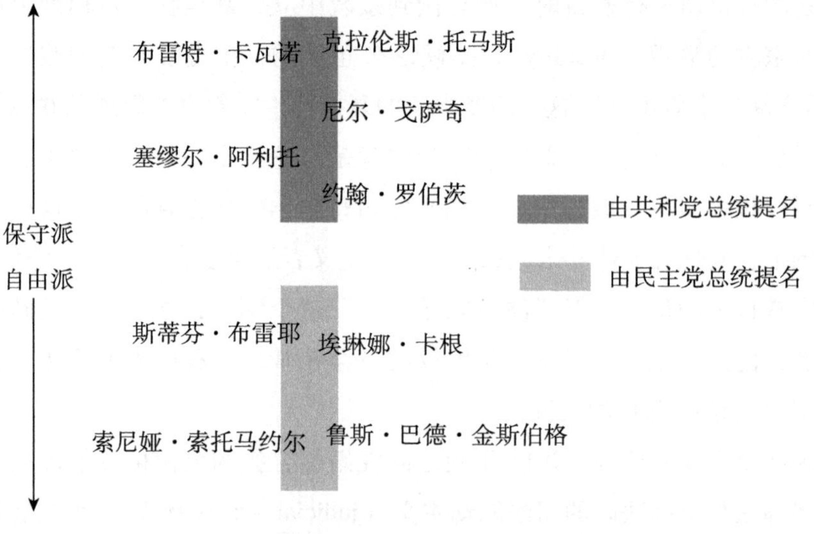

图1　美国联邦最高法院大法官意识形态光谱

（注：第一财经记者高雅）

---

〔1〕《保守派再添一人！特朗普提名巴雷特为美国最高法院大法官》，载第一财经2020年9月27日，https：//baijiahao. baidu. com/s？ id = 1678945261620313876&wfr = spider&for = pc。

法院,[1] 在联邦最高法院保守立场法官占据6席的情况下，才产生了2022年转折性的Dobbs案，推翻了已经运行了50年之久的联邦宪法堕胎权。

进入联邦最高法院的案件，常常是具有重大宪法意义，或将产生深远影响的案件。缘于其司法理念、政治倾向、价值立场甚至个性特征等不同，大法官们对案件判决的考量也常常表现出不同理路，九位大法官意见一致作出判决的情形极为罕见，因这些不同，他们通常被外界划分为自由派、保守派或中间派。联邦最高法院作为宪制秩序里的定分止争者，被迫站在每一个争议的风口浪尖。

（四）司法能动主义与司法谦抑主义

美国联邦最高法院最为人知的权力乃是司法审查权（judicial review），即它可以宣布某项立法或行政命令违宪。这项权力实际上并没有写在美国宪法文本之中，它是马伯里诉麦迪逊案［Marbury v. Madison（1803）］案确立的一项规则。

所有享有司法审查权的司法机构都面临同样两个问题：第一个问题，立法机构代表民意制定法律，当这样的法律被质疑，司法机构有没有权力判断该等法律的“合法性”？第二个问题，如果有权，“无钱无枪”背书的此类司法判断效力应如何落实？

很早就确立了司法审查权的美国联邦最高法院，对第一个问题的回答是肯定的。这个肯定的基础是宪法的最高法律地位，只有承认宪法具有最高的法律地位，才能够以宪法作为衡量标准对下位法予以审查判断，因此需要有特定机构作为主体运行这种衡量，而作为司法审判机构的法院，其本职就是解释和适用法律，包括解释和适用宪法。在马伯里诉麦迪逊案判决中，马歇尔大法官主要就是在阐明这个原理。

然而，法官毕竟并非民选产生，在美国社会中具有合法民意代表资格的只有议会或国会，即立法机构。立法机构的立法被认为代表了人民的意志。

---

〔1〕特朗普担任美国总统期间，打破了很多政坛的默认规则，提名保守立场的巴雷特法官继承自由主义立场的金斯伯格只是其中一项。

即便司法机构被赋予了宪法解释权并进而享有了以宪法法衡量下位法的权力，这种权力行使起来也需要保持一定的谦抑，要挑战民意立法必须具有极充分的理据。在这一点上，当代人权法体系认为，人仅因是人就应该享有基本的人权，这些人权不得被非法剥夺，是人之为人的自然属性与社会属性所共同决定的，法律必须尊重基本人权，即便是多数立法也不得侵害这些人权。因为这些基本人权如此重要，世界上第一部成文宪法1787年《美国宪法》原本没有列出人权，但仅立宪两年后便以前十条修正案（Bill of Rights）的方式吸纳了基本人权，将基本人权纳入成为近现代立宪主义的主流做法。从根本而言，宪法上的基本人权是出于一种假定，即立法有可能侵害人权，特别是以一种多数人暴政的方式侵害少数者的正当权益。司法审查制度本身有很大一部分内容即在审查普通立法对宪法基本权利之限制的合宪性问题。

因此这里就来到了另一层面的问题，司法机关对立法机关的立法的审查，有没有基本的必须要遵循的准则？在此准则之下，即便推翻了立法，也能够获得其他权力分支的尊重而得以落实？一般而言，如果司法机构在司法审查中更倾向于推翻立法，被称为司法能动主义立场，反之则被称为司法谦抑/消极主义。在美国历史上，多数时间联邦最高法院所持有的立场应该属于司法谦抑主义，但进入20世纪之后，自由主义对联邦最高法院的影响曾经占据了重要位置，特别是第二次世界大战中罗斯福新政倒逼持保守立场的联邦最高法院必须与时俱进时，联邦最高法院发生了较大的转变，产生了影响深远的一批民权先例，在少数者权利保护方面走到了社会多数的前面。[1] 典型如1954年的布朗诉教育委员会案推翻了种族方面“隔离而平等”的先例、1973年的罗诉韦德案确认堕胎是隐私权的组成部分、2015年奥伯格费尔诉霍奇斯案判决确认同性婚姻合法等，就是在民意纷纭中推进民权的著名案例。

同时，对于联邦最高法院司法能动主义的质疑也一直存在，最主要的反对即所谓“反多数难题”：司法审判理应退居立法者身后守护立法，而非代替

〔1〕 参见任东来等：《美国宪政历程：影响美国的25个司法大案》，中国法制出版社2015年版，第56页。

议会来立法。因此，当2022年Dobbs案判决推翻罗诉韦德案时，有一条理由即应由各州人民自行决定堕胎是否合法，而将能否堕胎推回了各州立法权。

对于美国而言，它的幸运之处在于，联邦最高法院在漫长的历史中凭借继承自英国的法律至上传统，以及出色的解释与运用法律的能力，树立了崇高的威与德，其判决无论是否后来被推翻，都获得了尊重，即使要改变，也会通过法律程序，诸如国会重新立法、推翻先例（推翻先例的确需要更严谨细密的论证）对之加以修正，没有发生过某项判决出来各方"掀桌子不认账"的情况。

（五）联邦（中央）与州（地方）的立法分权问题

联邦最高法院司法审查的范围涉及联邦立法和州立法。1791年的《宪法第五条修正案》规定，"不经正当法律程序，不得剥夺生命、自由或财产"，《第十条修正案》规定，"宪法未授予合众国、也未禁止各州行使的权力，由各州各自保留，或由人民保留"；但经内战之后，在1868年批准的《宪法第十四条修正案》中将对联邦的要求扩大到对州的要求，"任何一州，都不得制定或实施限制合众国公民的特权或豁免权的任何法律；不经正当法律程序，不得剥夺任何人的生命、自由或财产；在州管辖范围内，也不得拒绝给予任何人以平等法律保护"。

联邦最高法院用以审查州立法的依据主要是《宪法第十四条修正案》，而此条内容之中的"正当法律程序""自由权"二者，并没有确切无疑之解释，这就给大法官以很大的空间来发挥，借此展开对事实与价值的双重阐述。运用这个条款，联邦最高法院推翻了很多州级立法，特别是在对自由权的解释上，道格拉斯大法官所主张的宪法基本权利之半影空间理论大大地扩大了其外延，将隐私权、同性婚姻等都纳入其中。然而，司法谦抑主义除了对国会立法保持尊重之外，也包括对地方立法的尊重。联邦最高法院司法判决自身是联邦法律的组成部分，因此，司法审判过程中对州立法的审查与分析，除非理据充分推翻立法之外，也常常需要尊重立法者意志。

本案例中，被告是科罗拉多州的民权委员会，审查的核心是其结论是否符合系争背后的法律即该州《反歧视法》。各位大法官讨论民权委员会的裁决，均回到了是否符合宪法和科罗拉多州的《反歧视法》问题上。可以看到，判决的多数意见是在尊重该州《反歧视法》的前提下论证争议焦点问题的。虽然推翻立法较为少见，但以前文提及的美国联邦最高法院 2022 年 6 月的两份判决书为对照，23 日宣布纽约州《枪支管理法》禁止在公众场合携带枪支，同时 24 日的 Dobbs 案判决推翻先例将堕胎权立法推回州权，可以发现尊重立法与否近年受到很多因素的影响，特别是大法官的价值观和立场。

五、学习安排

案例学习拟 4 个学时，内容分为三个阶段：

第一阶段——案件及判决介绍，引导学生了解案件发生的历史背景。

第二阶段——思考题解析。本案例重点讨论以下五个问题，由小组分别进行汇报，指定其他小组两位同学进行评议：

1. 自由与平等两种价值成为宪法权利的过程。
2. 宪法权利的价值排序问题。
3. 本案判决中各位大法官的价值立场及其理据之概要。
4. 司法能动主义与司法谦抑主义。
5. 联邦（中央）与州（地方）的立法分权问题。

第三阶段——教师总结、评价。

六、其他学习支持

1. *Rules of the Supreme Court of United States*, Adopted April 19, 2013 ; Effective July 1, 2013.

2. Linda Greenhouse, *The U. S. Supreme Court: A Very Short Introduction*, Oxford University Press, Inc. , 2012.

3. ［美］杰弗里·图宾：《九人：美国最高法院风云》，何帆译，上海三联书店 2010 年版。

4. Steven J. Gold, *Moral controversies: Race, Class, and Gender in Applied Ehtics*, Wadsworth Publishing Company, Belmont, California 1993.

5. 周伟：《反歧视法研究》，法律出版社 2008 年版。

6. ［美］小 W. 科尔·德拉姆、［美］布雷特·G. 沙夫斯：《法治与宗教——国内、国际和比较法的视角》，隋嘉滨等译，中国民主法制出版社 2012 年版。

7. ［美］迈克尔·W. 麦康奈尔：《美国的宗教与法律：立国时期考察》，程朝阳译，法律出版社 2015 年版。

8. 刘晗：《美国同性婚姻权裁决的三重语境——平权运动、美国宪法与西方文明》，载《中外法学》2018 年第 1 期。

9. 任东来等：《美国宪政历程：影响美国的 25 个司法大案》，中国法制出版社 2015 年版。

10. ［南非］纳尔逊·曼德拉：《漫漫自由路——曼德拉自传》，谭振学译，广西师范大学出版社 2014 年版。

孩童抛物案：共同侵权、共同危险及高空抛物的制度设置及适用

杨瑷华[*]

案例摘要：高空抛物是在现代城市中产生的新型危险行为，我国《民法典》将其概括纳入违法侵权行为之中。数位未成年人在住院部平台高空抛物，导致他人受伤而死，案涉共同侵权、共同危险行为之辨析，最终指向侵权责任的分担。民事案件中共同侵权并不鲜见，此类案件的争议焦点常常是侵权责任的承担方式；与之极为接近的一个概念是共同危险行为，其又称准共同侵权行为，它是指二人或二人以上共同实施有侵害他人权利的危险的行为，其中一人或者数人的行为致他人损害，对所造成的损害后果不能判明谁是加害人的情况。本案中，依法应当由谁承担法律责任？

关键词：高空抛物　共同侵权　共同危险行为　侵权责任

一、案例概况

T县某医院为扩建本院住院部，在楼顶堆放一些建筑材料。2020年12月21日下午3时许，鲁某某（12岁）和李某（8岁）商量好，一起到住院部楼顶平台上用砖头搭屋（过家家建房）玩，并邀刘某某（4岁）一起去。当时

---

* 杨瑷华，西南林业大学文法学院教授，硕士研究生导师。主要研究方向：民法学、亲属法学、林业法学。

与刘某某在一起玩的罗某某（4 岁）也跟着上楼去玩。鲁某某、李某、刘某某和罗某某到住院部楼顶平台以后，用楼顶上堆放的红砖头和一些散置的砖头，动手搭屋，同时，将不合适的砖头往下丢。其中一块丢下的砖头砸在从楼下厕所出来的姚某之妻赵某某头顶部，致使赵某某头部受伤，住院治疗 10 天，医治无效而死亡，共花费医疗费 182,600 余元。法医鉴定，死者赵某某系被砖头击伤头部，致严重颅脑受损而死亡。现姚某诉至法院，诉鲁某某、李某、刘某某、罗某某和医院承担侵权赔偿责任。

二、对本案的不同意见

第一种意见认为，侵权行为责任的确定，应以确定的行为人作为被告；没有确定的行为人，就不能确认谁是侵权行为人，也就无法确定侵权行为责任。在本案中，造成损害后果的人是谁，没有办法确定，原告也不能证明，因而应以受害人举证不足为判决理由，驳回原告的诉讼请求。

第二种意见认为，本案属于高空抛物案件，适用《民法典》第 1254 条的规定，难以确定具体侵权人的，由可能加害的建筑物使用人给予补偿。医院物业未采取必要安保措施的，应当依法承担未履行安保义务的侵权责任。故本案应由 4 名被告及医院共同承担补偿责任。

第三种意见认为，数人共同实施危险行为，其中一人的行为造成他人伤害，又不能确认谁是真正的加害人的，符合共同危险行为的法律特征，应当比照共同侵权行为的责任，确定共同危险行为人的侵权责任。本案应由鲁某某、李某、刘某某、罗某某 4 名被告及其法定代理人承担连带赔偿责任。

T 县人民法院审理认为，在本案中鲁某某、李某、刘某某、罗某某 4 名被告行为具有侵害他人合法权益的可能性，是具有社会危险性的行为即任意被告的行为都可能造成损害的发生；损害结果可能是由其中一人或数人的危险行为造成的，但该人不能确定；同时，4 名被告主观上存在过错，其疏于注意从而导致损害结果的发生，又不能提供有利证据证明自己不是真正的加害人。因而，本案 4 名被告的行为符合共同危险行为的构成要件，应追究其连带赔偿责任。被告在第三人 T 县某医院住院部楼顶平台上用砖头搭屋玩，还将砖头往楼下丢，导致原告之妻赵某某被砸伤头部治疗无效死亡，对此，4 名被告应负主要责任；第三人 T 县某医院对其住院部楼顶平台这一内部公共场所堆放的砖头和一些散置的砖头未及时清除，与这一损害后果的发生有关，也应负一定责任。最终 T 县人民法院判决：由被告鲁某某、罗某某、刘某某、李某和第三人 T 县某医院共同负责赔偿原告姚某的经济损失（含医疗费、护理费、误工补贴、抚养费、丧葬费等），其中 85% 由被告罗某某、刘某某、李某、鲁某某平均分担，15% 由第三人 T 县某医院承担。

三、思考题

1. 什么是侵权行为、共同侵权行为？应如何承担责任？
2. 什么是共同危险行为？应如何承担责任？
3. 共同侵权、高空抛物和共同危险有什么不同？

四、相关规定

（一）《民法典》

第 1168 条 二人以上共同实施侵权行为，造成他人损害的，应当承担连带责任。

第 1170 条 二人以上实施危及他人人身、财产安全的行为，其中一人或者数人的行为造成他人损害，能够确定具体侵权人的，由侵权人承担责任；不能确定具体侵权人的，行为人承担连带责任。

第 1254 条 禁止从建筑物中抛掷物品。从建筑物中抛掷物品或者从建筑物上坠落的物品造成他人损害的，由侵权人依法承担侵权责任；经调查难以确定具体侵权人的，除能够证明自己不是侵权人的外，由可能加害的建筑物使用人给予补偿。可能加害的建筑物使用人补偿后，有权向侵权人追偿。

物业服务企业等建筑物管理人应当采取必要的安全保障措施防止前款规定情形的发生；未采取必要的安全保障措施的，应当依法承担未履行安全保障义务的侵权责任。

发生本条第一款规定的情形的，公安等机关应当依法及时调查，查清责任人。

（二）《最高人民法院关于依法妥善审理高空抛物、坠物案件的意见》

8. 加强高空抛物、坠物民事案件的审判工作。人民法院在处理高空抛物、坠物民事案件时，要充分认识此类案件中侵权行为给人民群众生命、健康、财产造成的严重损害，把维护人民群众合法权益放在首位。针对此类案件直接侵权人查找难、影响面广、处理难度大等特点，要创新审判方式，坚持多措并举，依法严惩高空抛物行为人，充分保护受害人。

11. 区分坠落物、抛掷物的不同法律适用规则。建筑物及其搁置物、悬挂物发生脱落、坠落造成他人损害的，所有人、管理人或者使用人不能证明自己没有过错的，人民法院应当适用侵权责任法第八十五条[1]的规定，依法判决其承担侵权责任；有其他责任人的，所有人、管理人或者使用人赔偿后向其他责任人主张追偿权的，人民法院应予支持。从建筑物中抛掷物品造成他人损害的，应当尽量查明直接侵权人，并依法判决其承担侵权责任。

案例学习说明

一、学习准备

仔细阅读案例及相关法律规范，准备进行讨论。

二、适用对象

本科和专科修读法学专业的学生，以及对民法学有浓厚兴趣的研习者。

三、学习目标

通过本案例的学习，学生对侵权行为，尤其是共同侵权行为、高空抛物行为、共同危险行为及其责任，无论从理论还是实务角度都会有一个比较清晰的认识。

[1] 现为《民法典》第1253条。

四、要点分析

本案是一起典型的共同危险行为案件。结合本案，将共同侵权行为、高空抛物行为、共同危险行为原理及责任的确定规则，作如下阐释。

（一）侵权行为、共同侵权行为及其责任

1. 侵权行为及其责任

侵权行为是指行为人违反法定义务，由于过错侵害他人民事权益，依法应当承担侵权责任的行为；以及侵害他人民事权益，无论有无过错，依照法律规定应当承担侵权责任的行为。

侵权行为具有以下特征：

（1）侵权行为是侵害他人合法民事权益的行为。

（2）侵权行为是违反法定义务的行为。

首先，这里所谓的法定义务是指绝对权赋予的相对人不得侵害的义务。其次，这里的法定义务还包括法律赋予某些特定主体的特别义务，如宾馆、商场、银行、车站、娱乐场所等公共场所的管理人或者群众性活动的组织者，未尽到安全保障义务，造成他人损害的，应当承担责任。最后，这里的法定义务也包括《民法典》侵权责任编所设定的某些具体作为或者不作为的义务。如在公共通道上挖坑、修缮时，应当设置明显的标志，没有设置明显标志和采取安全措施造成他人损害的，施工人应当承担侵权责任。这种设置明显标志的义务就是一种强制性的义务，如果行为人没有设置明显标志就违反了作为义务，对他人因此造成的损害应当承担侵权责任。

（3）侵权行为是由于过错而实施的行为以及法律明确规定构成侵权的有过错的行为。

一般认为，过错责任原则是我国《民法典》侵权责任编的主要归责原则，因此，在过错原则下，侵权行为需要行为人存在过错。另外，无过错原则也是我国《民法典》侵权责任编的归责原则，适用无过错责任原则时，需要法律加以明确规定。

（4）侵权行为是造成他人损害的行为。

对损害的理解，可以有狭义、广义和最广义三种情况。狭义的损害，仅

指财产损失。广义的损害，既包括财产损失，也包括精神损失。最广义的损害，是指行为给他人造成的所有不利后果，既包括各种现实损害，也包括可能给受害人造成的危险。一般意义上，《民法典》侵权责任编使用的是最广义的损害概念，即不仅包括现实的已经存在的不利后果，还包括构成现实威胁的不利后果。采用最广义的损害概念有利于保护受害人，体现了侵权责任预防侵权行为的立法目的。

（5）侵权行为是应当承担侵权责任的不法事实行为。

侵权行为作为法律事实，是一种不法事实行为。它既不同于民事行为，也不同于合法的事实行为。侵权行为是应当承担侵权责任的不法事实行为，所以，侵权行为也不同于违约行为和缔约过失行为。

侵权责任是指行为人因其侵权行为而依法承担的民事法律责任。

2. 一般侵权行为的构成要件

侵权行为的构成要件受侵权行为归责原则的影响，不同归责原则下的侵权行为，需要不同的构成要件。不同归责原则下构成要件的不同主要体现在过错方面。在过错责任原则下，需要行为人有过错；在无过错责任原则下，则无论行为人是否存在过错。在公平责任原则下，需要双方都没有过错，同时法律未特别规定适用无过错责任原则。

无论在哪种归责原则下，都需要有行为、损害结果以及两者之间的因果关系这三个构成要件。同时，无过错责任原则下的“无论有无过错”，都建立在过错的基础上。

需要特别说明的是，这里所谈的侵权行为的构成要件，是以构成损害赔偿责任的侵权行为为背景的。除损害赔偿之外，构成停止侵害、排除妨碍、消除危险、返还财产等责任的侵权行为，并不需要以损害后果为要件；承担停止侵害、排除妨碍、消除危险、返还财产等责任时，并不需要以过错为要件。

一般侵权行为的构成要件，是指构成一般侵权行为所必须具备的条件。具备构成要件，则构成一般侵权行为；欠缺任何一个构成要件，都可能会导致一般侵权行为的不构成。一般侵权行为需要具备行为、损害事实、因果关系和过错四个要件。

（1）行为

这里所谓的行为是指侵犯他人权利或者合法利益的加害行为本身，包括作为和不作为。作为侵权行为的作为，是指不该作而作；作为侵权行为的不作为，是指该作而不作。

（2）损害事实

损害事实是指他人的财产或者人身权益所遭受的不利影响，包括财产损害、非财产损害。非财产损害又包括人身损害、精神损害。

（3）因果关系

因果关系是指各种现象之间引起与被引起的关系。侵权民事责任构成中的因果关系要件，指的是违法行为作为原因，损害事实作为结果，在它们之间存在的前因引起后果，后者被前者所引起的客观联系。

在理论上，对于侵权行为因果关系要件的原因是什么，有不同的学说。一是主张“行为原因说”，认为侵权行为法的因果关系是行为人的行为及物件与损害事实之间的的因果关系。具体讲到行为，有侵权行为、被控行为、加害行为等不同主张。二是主张“过错原因说”，认为侵权行为因果关系中原因是过错。三是主张“违法行为原因说”，认为侵权行为法中的因果关系是指违法行为与损害事实之间的因果关系。

上述观点中，以过错作为损害事实的原因，是将主观意志与客观结果作因果关系的联系，其中缺少行为这一中介，难说其正确。

至于行为与违法行为何者为原因更为恰当，是最值得讨论的问题。主张行为为原因的学者，否认违法行为为原因，其理由主要是：一方面，容易使因果关系成为违法行为概念的一部分，从而容易使法官只注意引起损害的原因是否违法的问题，而将一些很难确定的违法行为引起损害发生的原因从因果关系中予以舍弃，显然不利于正确决定。另一方面，损害发生的原因十分复杂，假如把一些造成损害发生的疏忽的、过失的、懈怠的等行为作为违法行为对待，必然不适当地扩大了违法行为的概念，并以违法行为的概念代替了过错的概念。

研究侵权行为构成中的因果关系要件，尤其是研究其中的原因应当从以下几方面着手：

违法行为与过错，是不同性质的两个概念。违法与过错在一般场合，是统一于一个行为之中的，是一个问题的两个方面。违法是行为的客观属性，表明的是行为在客观上违反法律的规定，正因为违法的客观属性，才将其并入属于客观现象的行为之中，作为一个侵权行为构成要件。过错则是行为的主观属性，是存在于行为人观念中的主观状态，在这种主观状态的指导下行为人才去实施行为。造成损害发生的疏忽、过失、懈怠都不是客观的形式，而是行为人实施行为的主观状态，统统概括在过错中的概念中，不属于客观违法的性质。实施的行为在客观上违反法律规定，但行为人主观上对实施这一行为既无过失，又无故意，在过错归责情况下，则不构成侵权行为。因而不必担心以违法行为作损害结果的原因会混淆违法行为与过错的概念。

侵权行为各个构成要件，在确定侵权行为是否成立的统一目的下，各有不同的功能。判断行为客观上是否违法是违法行为的要件承担的任务。损害事实要件承担的任务是判断受害人的权利是否有损害。在这两个要件成立的情况下，因果关系要件承担的任务是判断损害结果是否为该违法行为所引起，该违法行为是否为该损害事实的客观原因。因果关系要件的职能不是去判断损害事实是由哪一行为引起的，而是在被控行为被确定为违法的情况下，考察判断它与损害事实是否存在引起与被引起的因果关系，有因果关系的，则可能构成侵权行为；无因果关系的，则不构成侵权行为。因而不必担心以违法行为为损害事实的原因，会舍弃造成损害的真正原因。事实上正是如此。

否认违法行为为损害事实的原因的前提是，否认违法行为为侵权责任构成的客观要件。主张侵权责任构成为三个要件说的理论，借鉴法国法的侵权行为法理论，否认违法行为为侵权责任构成要件之一。在这样的基础上，不得不采取两种不同的办法解决：一是认定行为为原因，承认损害事实、因果关系和过错，但其中却没有行为这一要件，因而使侵权行为构成要件不健全、不完整。二是使用过错行为的概念，将过错行为作为原因，实际上正是混淆了主观概念和客观概念的界限，引出不正确结论。反之，承认违法行为是侵权责任构成要件，并作为损害事实的原因，不仅可以完全避免上述不必要的麻烦，而且使侵权责任构成理论更完善、更严谨。

确定因果关系的理论学说主要有以下三种：

一是“条件说”。认为凡是引起损害结果发生的条件，都是损害结果发生的原因，因而具备因果关系要件。这一学说由德国学者弗·布里于19世纪70年代首创，坚持这一学说的人从主观注意和社会责任论出发，只注重研究从损害结果中反映出来的行为人的人身社会危害性，认为只要行为人在实施行为时能够认识到有发生危害结果的可能性，就不能以任何理由减轻其责任。

二是“原因说”。主张对原因和条件应加严格区别，仅承认原因与结果之间存在的因果关系，而条件与结果之间则不承认有因果关系，因而法律上的原因与事实上的原因不同。这一学说由德国学者宾丁·库累尔首创，后世不断发展，被广泛采用，形成了必然原因说等多种主张。这种理论着眼于已发现的外部的实现的各个违法行为及其结果，重视研究行为对于结果发生的作用，主张把行为与结果之间的因果关系定型化，以限定追究行为责任的范围。其中以必然因果说对责任范围的限制最为严格。

三是“相当因果说”。相当因果说又称“适当条件说”，是19世纪末德国学者巴尔首先提出，这种学说认为，某一事实仅于现实情形下发生某种结果，尚不能就认为有因果关系，必须在一般情形下，依社会的一般观察，亦认为能发生同一结果的时候，才能认为有因果关系。

对于以上三种学说，学者认为，条件说范围太宽，原因说条件太严，且认定困难，均不宜采用。唯有相当因果说与民法公平原则最相符，堪称允正，应予采用。

相当因果说与必然因果说的根本区别是：前者强调判断因果关系的客观标准是“可能性”，而后者强调的标准是“必然性”；前者强调的可能性取决于社会的一般见解，而后者强调的必然性则是客观的存在，与人的认识无关。相当因果说的正确性在于，它不要求法官对每个案件脱离一般人的知识经验和认识水平，去追求客观的、本质的必然联系，只要求法官判明原因与损害结果之间在通常情形下存在的可能性，这种判断不是依法官个人的主观臆断，而是要求法官依一般社会见解，按照当时社会所达到的知识和经验，只要一般人认为在同样情况下有发生同样结果的可能性即可，其客观依据，则在于事实上这种原因事实已经导致了这样的结果。

适用相当因果关系学说，关键在于掌握违法行为是发生损害事实的适当条件。适当条件是发生该种损害结果的不可或缺条件，它不单是在特定情况下偶然地引起损害，而且是一般发生同种结果的有利条件。判断相当因果关系，史尚宽先生概括了一个公式，即“以行为时存在而可为条件之通常情事或特别情事中，于行为时吾人智识经验一般可得而知及行为人所之情事为基础，而且其情事对其结果为不可缺之条件，一般的有发生同种结果之可能者，其条件与其结果为有相当因果关系。[1]”简言之，行为有引起损害结果的可能性，而在实际上行为又确定引起了损害结果，则行为与结果之间有因果关系。

（4）过错

过错是指行为人在实施侵害他人民事权益行为时的主观不良心态，包括故意和过失两种形式。

对过错的判断可从以下步骤进行：首先，确定行为人对损害结果的发生有无预见；其次，如有预见，行为人对其行为的结果持何种态度；最后，如无预见，则行为人是否应该预见或能够预见。行为人预见到损害结果，而希望或放任这种结果的发生，构成故意；行为人能够预见到损害结果而没有预见，或虽有预见却轻信能够避免，构成过失。我国民法理论的态度是：判断行为人具有过失，必须以行为人应当注意、能够注意却未注意作为依据。由于时间、地点、条件的不同，客观环境不断发生变化，人们应当注意和能够注意的标准也在不断变化。所以应当注意和能够注意的标准，也应当以时间、地点、条件作为转移。如果一个理性人在案件的具体情形下能够达到一定的注意程度，而行为人没有达到该注意程度，则行为人有过失。如果存在法定的注意义务，行为人没有履行该注意义务或者没有达到该注意义务所要求的

---

〔1〕 史尚宽：《债法总论》，中国政法大学出版社2000年版，第167页。

注意程度，则行为人是有过失的。

3. 共同侵权行为及其责任

共同侵权行为是指二人以上实施的侵权行为，与单独侵权行为相对应。根据责任承担的方式，共同侵权行为可以分为承担连带责任的共同侵权和承担按份责任的共同侵权。

共同侵权行为构成要件：行为人为二人以上；行为的关联性；共同的过错；结果的单一性。

共同侵权责任的承担：

（1）由数个主体对同一损害后果承担侵权责任的责任承担形式，为共同侵权责任。共同侵权责任具有以下法律特征。

①承担侵权责任的主体为二人或者二人以上，即责任主体为复数，可以是数个自然人，也可以是数个法人（或非法人组织），或者数个自然人和法人（或非法人组织）的集合。这些人均为独立承担民事责任的主体，而不存在雇主与雇员的关系、监护人与被监护人的关系或者其他替代责任关系。

②数人对同一损害后果承担侵权责任，而不是数人对不同的损害后果承担责任。也就是说，被侵权人一方对该数人享有一个统一的损害赔偿（或其他民事责任方式）的请求权，数人承担共同侵权责任是为了满足该统一的请求权。

③数人承担共同侵权责任的方式，即数个责任主体与被侵权人一方的请求权之间的联系，具有多样性。数人承担何种共同的侵权责任，由法律加以规定。

（2）共同侵权责任的种类。

依据我国民事法律和司法解释的规定，对数人对同一损害后果承担共同的责任可以作以下分类：

①数人对同一损害后果承担连带的侵权责任；

②数人对同一损害后果承担按份的侵权责任；

③在数个责任主体中，部分责任主体承担全部侵权责任，部分责任主体承担部分补充的侵权责任。

（3）共同承担连带的侵权责任。

《民法典》第 178 条第 1 款规定："二人以上依法承担连带责任的，权利人有权请求部分或者全部连带责任人承担责任。"共同承担连带的侵权责任，是指数个责任主体作为一个整体对损害共同承担责任；其中任何一个责任主体对全部损害都要承担侵权责任；责任主体之一人（或者部分人）对全部损害承担了侵权责任之后，他（或他们）有权向未承担责任的其他责任主体追偿，请求偿付其应当承担的赔偿份额。而从被侵权人一方的请求权角度来看，他既可以向全部责任主体主张权利，请求他们承担对全部损害的赔偿责任，也可以向部分责任主体主张权利，请求他（或他们）承担全部赔偿责任。一旦责任主体中的一人（或者部分人）赔偿了全部损害，也就履行了全部赔偿义务，被侵权人一方不得再对其他责任主体提出请求；反之，如果被侵权人一方的请求没有得到实现或者没有完全得到实现，则他可以向其他责任主体请求赔偿全部损害或者剩余的部分损害。

连带的侵权责任主要适用于赔偿损失的责任承担方式。但理论上，其适用于恢复原状的责任承担方式也是成立的。

①共同承担连带的侵权责任后的内部追偿。

《民法典》第 178 条第 2 款规定："连带责任人的责任份额根据各自责任大小确定；难以确定责任大小的，平均承担责任。实际承担责任超过自己责任份额的连带责任人，有权向其他连带责任人追偿。"在一个或者数个责任主体清偿了全部赔偿债务后，支付了赔偿金的责任主体有权请求其他共同责任主体支付一定的金额，以补偿其承担全部赔偿责任而受到的损失。这就是数个责任主体承担连带的侵权责任后的内部追偿。

②数个责任主体承担连带的侵权责任后的内部追偿应当遵循以下原则。

第一，比较过错原则，即对数个共同责任主体在实施共同侵权行为时的过错进行比较，过错较大的最终分担较大份额的赔偿金额；过错较小的最终分担较小份额的赔偿金额；过错不相上下，难以比较大小的，原则上平均分担。

第二，比较原因力原则，即对数个共同责任主体在实施共同侵权行为时各自所起的作用进行比较，所起作用重要的最终分担较大的赔偿额；所起作用较小的最终分担较少的赔偿额；如果每个侵权人的作用不相上下，原则上平均分担。

第三，平衡考虑原则，该原则也称为公平考虑原则或者司法政策考虑原则，是指在共同责任主体之间最终分担赔偿份额时适当考虑各侵权人的经济状况和其他相关因素。

③连带侵权责任的适用范围。

《民法典》第 178 条第 3 款规定："连带责任，由法律规定或者当事人约定。"依据我国法律规定，连带侵权责任适用于以下五种情形：

第一，实施共同侵权行为的数个侵害行为人；

第二，帮助、教唆他人实施侵权行为的人；

第三，实施共同危险行为的数个危险行为人；

第四，原因竞合情况下的多数侵权人；

第五，法律直接规定数个责任主体承担连带的侵权责任的情况。

（4）共同承担按份的侵权责任。

《民法典》第 177 条规定："二人以上依法承担按份责任，能够确定责任大小的，各自承担相应的责任；难以确定责任大小的，平均承担责任。"按份责任是与连带责任相对的一种数人共同侵权责任。数人承担按份的侵权责任，是指在数个责任主体承担共同侵权责任之情形下，每一个责任主体只对其应当承担的责任份额负清偿义务，不与其他责任主体发生连带关系的侵权责任，即不存在追偿问题。任何一个责任主体在承担了自己份额的赔偿责任后，即从损害赔偿等侵权责任关系中解脱出来。从被侵权人一方来看，于数人承担按份的侵权责任之情形，其只能分别向各责任主体主张不同份额的损害赔偿，这些主张的总和等于其全部损害。但是，这样的分别主张原则上应当在一个诉讼中提出，各责任主体应当作为同一案件的共同被告。责任份额由以下两个因素决定：

第一，各责任主体的过错大小，过错较大的承担较大份额的责任，过错较小的承担较小份额的责任。

第二，各责任主体的侵害行为原因力的大小，行为原因力较大的承担较大份额的责任，行为原因力较小的承担较小份额的责任。

在无法对过错大小和侵害行为原因力大小进行比较（法律规定的难以确定责任大小）的情况下，数个侵权人平均承担赔偿责任。

（5）数人中部分承担全部侵权责任、部分承担补充的侵权责任。

①概念：补充的侵权责任，简称补充责任或补充赔偿责任，是指在一个侵权行为造成的损害事实产生了两个相重合的赔偿请求权的情况下，法律规定权利人必须按照先后顺序行使赔偿请求权。只有排在前位的赔偿义务人的赔偿不足以弥补损害时，才能请求排在后位的赔偿义务人赔偿。在这样的案件中，后位赔偿义务人承担的侵权责任为补充的侵权责任。

②适用范围：补充的侵权责任的适用范围，依据《民法典》第1198条第2款和第1201条规定了补充责任，当第三人侵权行为和未尽安全保障义务两因素结合，造成他人损害时，依本款规定，第三人直接承担侵权责任，而安全保障义务人承担相应的补充责任。对于“相应的补充责任”，应注意者有二：一者，“补充”表明第三人侵权责任与安全保障义务人责任具有承担顺序。仅在第三人不明或其欠缺赔偿能力等情形，安全保障义务人才须承担第三顺位责任。二者，从司法实践来看，“相应”意味着安全保障义务人无须赔偿受害人无法获赔的全部损害，仅在其预见和能够防范的范围内承担相应责任［（2018）最高法民再206号民事判决书；天津三中院（2021）津03民终1694号民事判决书］。[1] 同时依本条第2款后句，安全保障义务人在承担相应责任后，有权向第三人追偿。安全保障义务人在承担补充责任之后取得追偿权。依据我国法律规定，监护人责任实际上也是补充责任（《民法典》第1188条第2款）。

③全部补充责任与相应补充责任：《民法典》规定了两种补充责任，即全部补充责任与相应补充责任。监护人承担的是全部补充责任，安全保障义务

〔1〕 参见徐涤宇、张家勇：《〈中华人民共和国民法典〉评注》，中国人民大学出版社2022年版，第1260、1264页。

人和教育机构等承担的是相应补充责任。于前者，“缺多少补多少”，补充责任之承担将使被侵权人的全部损害得到赔偿。于后者，承担补充责任只是承担与其过错大小相适应的补充责任，同时还可能考虑盈利状况等因素。

（二）共同危险行为及其责任

共同危险行为也叫准共同侵权行为。它是指两人或两人以上共同实施有侵害他人权利的危险的行为，其中一人或者数人的行为致他人损害，对所造成的损害后果不能判明谁是加害人的情况。例如，数人均有加害行为而致损害，如果这一损害的发生是全体行为人的行为所致，就是共同侵权行为；如果这一损害的发生是由其中一人或一部分人的行为所致，而且已经判明谁是加害人，这是一般侵权行为或共同侵权行为，已经判明的与损害没有因果关系的行为人不负赔偿责任；如果损害事实确已发生，并且可以判明损害确系数人的危险行为所致，但不能判明其中究竟谁是加害人，这就是共同危险行为。

1. 共同危险行为的特征

第一，行为是由数人实施的，这是共同危险行为的数量特征，也是共同危险行为成立的前提。一个人实施的行为造成损害，是不能叫作共同危险行为的。

第二，行为具有危险性，这是共同危险行为的质量特征。这种危险性指的是侵害他人合法权利（人身权、财产权）的可能性。这种危险性主要表现为“虽无意，有可能，无定向”。其一，从主观上看，行为人没有致人损害的故意，在数人中，既没有共同的故意，也没有单独的故意，只存在疏于注意义务的共同过失。其二，从客观上看，数人实施的行为有致人损害的可能性。没有致人损害可能性的行为就不是危险行为。例如，数人在一起游览，这种行为没有致他人损害的可能性。数人在一起燃放烟花，就有致他人损害的可能性。前者不是具有危险性的行为，后者则是具有危险性的行为。对这种可能性的分析，可以从行为本身、周围环境以及行为人对致害可能性的控制条件上加以判断。其三，行为没有特定的指向，即没有人为的侵害方向。

第三，这种具有危险性的共同行为是致人损害的原因。就具有危险性的共同行为本身看，它的危险性是一种可能性，但就共同危险行为的构成看，这种危险性已经转化为现实的、客观的损害，具有危险性的共同行为与损害事实之间具有必然的因果关系。缺乏这种客观的必然因果关系的特征，就构不成共同危险行为。

2. 共同危险行为的构成要件

（1）主体：必须二人或二人以上。

（2）客观方面的要件。首先，数人共同实施了危险行为。其次，共同危险行为都有可能造成损害的发生。最后，损害结果不是共同危险行为人全体所致，而是其中一人或数人的危险行为造成的，但该人不能确定。

（3）主观方面的要件。实施危险行为的数人在主观上应有共同过错，这种过错通常表现为过失，即行为人应当知道其行为有危险性，但疏于注意从而导致损害结果发生。这种过错通常是以推定的形式存在的。但这种推定可以被推翻，行为人只要证明自己不是真正的加害人就可以免责，而不必证明谁是加害人。

3. 共同危险行为制度的发展历史

共同危险行为理论与共同侵权行为理论有着基本相同的历史，它们都是在一般侵权行为民事责任的基础上发展起来的。在古代早期的成文法中，有关的侵权行为法规范大多是对具体侵权行为的规定，归结起来，都属于一般的侵权行为。在古罗马法中，关于私犯和准私犯的规定也缺乏一般性的抽象概括。1804 年公布的划时代的《法国民法典》创造了侵权行为法的过错责任原则，但仍没有共同侵权行为和共同危险行为的规定。经过近 100 年的演化和一些资产阶级法学家的不断探索，创造出了共同侵权行为与共同危险行为的理论。在 1900 年颁布的《德国民法典》中，第一次规定了关于共同侵权行为和共同危险行为的条文。该法第 830 条规定，数人共同侵权行为加害于他人时，各自对损害负赔偿责任。在数人中不知谁为加害人者亦同。《德国民法典》的这一规定，开创了侵权行为法的一个新的时期，为以后的资本主义民事立法奠定了基础。20 世纪 30 年代的《中华民国民法典》中规定，数人共同不法侵害他人之权利者，负连带赔偿责任。不能知其中孰为加害人时，亦同。这些规定中的前一句话是指共同侵权行为，后一句话就是指共同危险行为。这种立法例，是大陆法系国家民事立法的常见模式。

普通法国家虽无成文法对共同危险行为做出规定，但从他们的判例中可以看出他们对共同危险行为学说的确认。1982 年美国加利福尼亚州上诉法院改判了辛德尔诉阿伯特化学厂一案。辛德尔是个乳腺癌患者。在她出生前，其母亲服用了当时广为采用的防止流产的乙烯雌酚。后来研究证明，服用乙烯雌酚与患乳腺癌有很大关系，辛德尔就是此药的受害者。当时，生产此药的共有 11 家化学工厂，她没有办法证明她的母亲究竟服用了哪家化学工厂生产的该药品。辛德尔提起损害赔偿之诉后，初审法院不予受理，上诉法院则判决当时生产此种药品的 11 家化学工厂的制造商对原告的损害负连带赔偿责任。这虽然是一个产品责任的判例，但它确定赔偿责任的理论依据之一，就是共同危险行为学说。

中华人民共和国成立以来，在民事审判实践中，对于共同危险行为学说基本上持否定态度。1986 年颁布的《民法通则》（已失效）也只对共同侵权行为作了规定，而没有规定共同危险行为。

4. 共同危险行为赔偿责任

在理论上，有人认为，损害不是共同危险行为人全体所致，却让全体共同危险行为人承担连带责任，不仅有悖于过错责任原则，而且也有悖于公平原则，因而不应确立共同危险行为学说。这种看法值得商榷。

诚然，损害非全体共同危险行为人所致，对于未致他人损害的行为人来说，确定其负赔偿责任确有有失公平之处。但是，如果不让全体共同危险行为人承担赔偿责任，又因为不能查明谁是加害人而不能确定具体的赔偿义务主体，受害人的损害就不可能得到补偿。从这个道理上说，如果对共同危险行为要求“公平”地确定责任，就会对受害人显失公平。公平责任原则适用，正是为了保护受害人的权利，使其损失得到合理的、适当的补偿。另外，共同危险行为人在实施共同危险行为时，在主观上均有疏于注意的共同过失，据此确定其连带赔偿义务，也正是贯彻了过错责任原则。因此，确立共同危险行为学说并在审判实践中应用，完全符合侵权损害归责原则的要求，与确立侵权损害赔偿制度的宗旨相一致。共同危险行为人实施共同危险行为致人损害的，应当承担连带赔偿责任。这种连带赔偿责任与共同侵权行为的连带赔偿责任有很多不同之处。

（1）共同危险行为的责任基础，是共同过错；确定赔偿责任的归责原则，是过错责任原则。这与共同侵权行为是一致的。在确定共同侵权行为责任时，各家学说不一，诸如“意思联络说”“共同行为说”“关联共同说”“共同过错说”等，通说采取最为普通的“共同过错说”。有人认为，共同危险行为人在实施共同危险行为时，不存在意思联络，也不存在共同过失。这种观点值得商榷。可以确定，共同危险行为人在实施共同危险行为时，主观上确实没有故意（意思联络）；假如存在共同故意，情节严重的构成共同犯罪，情节较轻的构成共同侵权行为。在共同危险行为中，行为人不仅不存在共同故意，也不存在单独的故意；假如存在单独的故意，就可以追究单独故意行为人的责任，而不构成共同危险行为。共同危险行为人的主观过错只能表现为共同过失的形式，即共同地疏于注意义务。它表现为，共同危险行为人共同实施具有危险性的行为时，应当注意避免致人损害，但或者由于疏忽大意，或者由于过于自信，违反了这种注意义务。这种过失存在于每一个共同危险行为人的思想中。他们参与这种具有危险性行为的本身，就证明他们具有这种疏于注意的共同过失。因此，共同危险行为适用过错责任原则。

但是，共同危险行为不是适用严格的过错责任原则，而是适用推定的过错责任原则，这是与共同侵权行为的显著差别之一。推定过错原则是过错责任原则的一种特殊表现形式，它是在适用过错责任原则的前提下，在特殊的情形下，可以损害事实本身推定加害人的过错，而无须受害人加以证明的归责原则。在共同危险行为致人损害的情形下，受害人连谁是加害人都不能搞清楚，怎么能去证明加害人的过错呢？实行推定过错原则，就可以实行举证责任倒置，即从受害人的损害事实中推定共同危险行为人的共同过失。如果共同危险行为人认为他们没有共同过失，可以举证证明，否则不能免责。

（2）共同危险行为的责任与共同侵权行为一样，是一个完整的整体，但它的表现形式更为紧密，不可分割。

共同侵权行为的责任对一个损害结果来说，只有一个整体的责任。“但是必须明确，我们这里所说的一个责任，指的是一个总责任，它一定要由若干分责任组成。”共同危险行为责任也只有一个责任，不是由若干分责任组成的，而是不可分割的完整责任。这个完整的责任表现为：一是对于损害结果来说，这个责任只有一个；二是责任的主体是一个，即对于共同危险行为人来说，他们是一个整体，分开这个整体，这个责任就不复存在；三是这个责任的内容不能分离。因此，共同危险行为人中的一个人或一部分人只能证明自己没有过错，那还不能免除这个人或这些人的赔偿责任；只有证明谁是加害人时，才能免除非加害人的赔偿责任，不过这已经不是共同危险行为了。

（3）共同危险行为与共同侵权行为一样，均须承担连带责任。连带责任是共同危险行为的责任的基本形式，与共同侵权行为责任是一致的。但是，在责任份额的确定上，却有所不同。共同侵权行为人的个人责任，可以按照各自过错的程度确定，因而共同加害人所实际分担的责任份额可能并不平均。但是，由于共同危险行为人在实施共同危险行为中，致人损害的概率相等，过失相当，而且由于共同危险行为的责任的不可分割性，所以在共同危险行为的责任划分上，一般是平均分担的，各人以相等的份额对损害结果负责，在等额的基础上，实行连带责任。

（三）共同侵权、高空抛物和共同危险行为责任比较

1. 过错推定适用方面

共同危险行为的责任基础，是共同过错；确定赔偿责任的归责原则，是过错责任原则，这与共同侵权行为、高空抛物行为是一致的。但是，共同危险行为适用过错责任原则的特殊方法是过错推定，这是与共同侵权行为、高空抛物行为的显著差别之一。

2. 侵权人行为性质方面

高空抛物行为只有一个侵权行为致人损害，其他人均未实施侵权行为。共同危险行为与共同侵权行为均有多个侵权行为，共同侵权行为中确定是由这几人的行为造成的损害后果，而共同危险行为中不知道是谁的行为造成的后果，但所有人的行为皆有可能造成这样的后果。

3. 责任性质及份额方面

高空抛物承担的责任不是连带的，仅分担责任；也不是赔偿责任，是补偿。

共同危险行为与共同侵权行为一样，均须承担连带责任。但是，在责任份额的确定上，却有所不同。共同侵权行为人的个人责任，按照各自过错的程度确定，因而共同侵权行为人实际分担的责任份额可能不平均。而由于共同危险行为人在实施共同危险行为中，致人损害的概率相等，过失相当，且共同危险行为责任的不可分割性，所以在共同危险行为的责任划分上，一般是平均分担的，各人以相等的份额对损害结果负责，在等额的基础上，实行连带责任。

五、其他学习支持

1. 辅助材料

PPT，案例视频材料等。

2. 练习题

《民法练习题集》侵权责任部分。

3. 主要辅助文献

［1］《中华人民共和国民法典》，中国法制出版社 2020 年版。

［2］王泽鉴主编：《民法学说与判例研究》，北京大学出版社 2015 年版。

［3］王利明主编：《中国民法案例与学理研究》，法律出版社 2003 年版。

线树纠纷案例解析：《民事诉讼法》和《民法典》的双重视角

和　博*

案例摘要：云南电网有限责任公司昆明供电局（以下简称昆明供电局）所管辖的500kV仁厂乙线属于西电东送重要通道，于2013年4月投产运行。2013年12月6日，昆明市工业和信息化委员会在《昆明日报》登载了“昆明市电力设施保护区划定公告”，该公告明确涉案线路属于受保护的电力设施，严禁在线路下方从事种植树木等危害电力设施的行为。

2018年9月17日，昆明供电局（甲方）与本案被告李某1（乙方）签订了《林木砍伐补偿协议》并一次性向李某1支付完毕42,000元补偿费用，合同明确约定乙方今后不得再种植树木。2020年4月，昆明供电局巡视人员在线路巡视过程中发现500kV仁厂乙线#249—#250杆塔正下方种植大面积铜钱桉树，林木与线路的距离不符合合同约定且不满足国家相关法律法规对有关电力设施与林木安全距离的规定，严重危害了案涉线路的安全平稳运行。昆明供电局多次在富民县罗免镇政府、村委会的配合支持下与李某1沟通，要求其不能种植林木且应当砍伐已经种植的林木，但李某1未按照有关整改要求处理。

2021年11月，昆明供电局向富民县人民法院起诉，要求李某1立即停止

* 和博，诉讼法学硕士，讲师，兼职律师、国企独立董事。主要研究方向：诉讼法学、商事诉讼、环境资源类诉讼制度。

侵害、排除妨碍，砍伐电力设施保护区内危及电力安全的林木。

关键词： 电力安全　线下种树　线树矛盾　先予执行

所谓线树矛盾，是指电力设施保护区内，存在的线路与树木之间的相互妨害问题。在日常运维中，电力企业常常遇到存活率高、生长速度快、自然生长高度超过电力线路高度的树被种植在电力设施保护区内的情况，这无形中成为了威胁电网安全运行的“隐形杀手”，导致电力运行事故频发，供电可靠性降低。因此，更好地处理线树纠纷，保障电力安全平稳运行，在电力运行维护过程中成为一项至关重要的工作。

一、案例概况

昆明供电局所管辖的500kV仁厂乙线属于西电东送重要通道，于2013年4月投产运行。2013年12月6日，昆明市工业和信息化委员会在《昆明日报》登载了“昆明市电力设施保护区划定公告”，该公告明确涉案线路属于受保护的电力设施，严禁在线路下方从事种植树木等危害电力设施的行为。

2018年9月17日，昆明供电局（甲方）与本案被告李某1（乙方）签订了《林木砍伐补偿合同》并一次性向李某1支付完毕42,000元补偿费用，合同明确约定乙方今后不得再种植树木。2020年4月，昆明供电局巡视人员在线路巡视过程中发现500kV仁厂乙线#249—#250杆塔正下方种植大面积铜钱桉树，林木与线路的距离不符合合同约定且不满足国家相关法律法规对有关电力设施与林木安全距离的规定，严重危害了案涉线路的安全平稳运行。昆明供电局多次在富民县罗免镇政府、村委会的配合支持下与李某1沟通，要求其不能种植林木且应当砍伐已经种植的林木，但直至起诉之日李某1未按照有关整改要求处理。

2021年11月，昆明供电局向富民县人民法院起诉，要求李某1立即停止侵害、排除妨碍，砍伐危及电力安全的林木。2021年12月14日法院立案，经李某1陈述及昆明供电局代理律师调取证据了解到：2019年1月6日，李某1与李某2签订了《果园承包协议》，李某1将案涉林地30亩承包给李某2。

2019 年 10 月 3 日，李某 2 与蒋某媛签订《土地转租协议》，李某 2 将案涉林地中的 20 亩转租给蒋某媛。昆明供电局分别于 2022 年 1 月 5 日、2022 年 2 月 17 日向法院申请追加李某 2、蒋某媛为本案被告参加诉讼。

2022 年 1 月 7 日由于情况紧急昆明供电局向富民县人民法院申请先予执行。

二、案例的诉讼节点鸟瞰

（一）原告的诉讼请求

基于各被告在电力设施保护区内种植危及电力设施安全的植被的违法、违约行为，原告依法向法院提出以下诉讼请求：

1. 判令被告立即将位于昆明市富民县的 500kV 仁厂乙线#249—#250 杆塔之间电力线路导线边线向外侧水平延伸 20 米并垂直于地面所形成的两平行面区域内危及电力设施安全的所有树木彻底砍伐；

2. 判令被告不得在位于昆明市富民县的 500kV 仁厂乙线#249—#250 杆塔之间电力线路导线边线向外侧水平延伸 20 米并垂直于地面所形成的两平行面区域内种植任何可能危及电力设施安全的植物；

3. 判令被告向原告支付律师费 5000 元；

4. 判令被告向原告支付违约金 2100 元；

5. 判令被告承担本案鉴定费、保全费、保全保险费、公证费、先予执行费、交通费及诉讼费等费用。

（二）被告的答辩要点

庭审时被告李某 1 辩称原告昆明供电局的诉请已经被裁定先予执行，现在危机已经解除了，案涉电力线路下方的植被并不是今天种下去立马就能长高，昆明供电局有巡查员定期巡查，昆明供电局在巡查中从没有说过电力线路下方不能种植林木，这是原告昆明供电局的责任，我不应当承担任何责任。被告李某 2 辩称我们租这个土地的时候也是为了搞种植，如果租赁初期昆明供电局或者被告李某 1 向我说明电力线路下方不能种植林木，我还去种，那这个是我的责任。但是我承租土地以及种树的时候保护区内并没有任何的警示牌或者电力设施保护区的边界，也没有任何人跟我说不能种，被告李某1只是跟我说过水泥地板那里不能种。昆明供电局诉请的律师费等费用，我都不承担。被告蒋某媛辩称，我的辩称意见和被告李某2的一致。

（三）案件的争议焦点

1. 各被告是否实施在电力设施保护区种植林木的侵权行为；
2. 本案侵权责任承担主体。

（四）判决结果与说理

由被告李某1、李某2和蒋某媛连带排除妨害、消除危险，将位于昆明市富民县的500kV仁厂乙线#249—#250塔之间电力线路导线边线向外侧水平延伸20米并垂直于地面所形成的两平行面区域内危及电力设施安全的所有树木彻底砍伐（已先予执行完毕）；

被告李某1、李某2和蒋某媛今后在位于昆明市富民县的500kV仁厂乙线#249—#250塔之间电力线路导线边线向外侧水平延伸20米并垂直于地面所形成的两平行面区域内不得再种植任何可能危及电力设施安全的植物；

由被告李某1、李某2和蒋某媛连带赔偿原告昆明供电局在先予执行中所支付的财产保险服务费1000元；

驳回原告昆明供电局的其他诉讼请求。

三、案例的理论品评

（一）案由的选择：意义与效果

2011年《民事案件案由规定》施行以来，在方便当事人进行民事诉讼，规范人民法院民事立案、审判和司法统计工作等方面，发挥了重要作用。民事案件案由是民事案件名称的重要组成部分，反映案件所涉及的民事法律关系的性质，是对当事人诉争的法律关系性质进行的概括，是人民法院进行民事案件管理的重要手段。在请求权竞合的情形下，人民法院应当按照当事人自主选择行使的请求权所涉及的诉争的法律关系的性质，确定相应的案由。选择案由对案件处理有特殊的意义。

1. 案由确定混同于受理条件，影响立案受理

2011 年《民事案件案由规定》强调，“各级人民法院要正确认识民事案件案由的性质与功能，不得将修改后的《民事案件案由规定》等同于《中华人民共和国民事诉讼法》第一百零八条规定的受理条件，不得以当事人的诉请在修改后的《民事案件案由规定》中没有相应案由可以适用为由，裁定不予受理或者驳回起诉，影响当事人行使诉权”。实务之中，如果原告律师对案由选择不当，可能存在案件得不到法院受理的风险。

2. 案由选择可能决定案件的管辖范围

《民事诉讼法》明确规定，因合同纠纷提起的诉讼，由被告住所地或合同履行地人民法院管辖。同时规定，因侵权行为提起的诉讼，由侵权行为地或者被告住所地人民法院管辖。而管辖法院的不同，在方便当事人诉讼以及减少诉讼成本方面是有重大影响的。

3. 案由选择影响案件举证责任的分配

在一般侵权责任中，受害人有义务对加害人的过错举证，在特殊侵权责任中，由加害人反证自己没有过错。违约责任中，违约方应当证明自己没有过错，否则应承担违约责任。相比之下，违约诉讼中受害人的举证责任较小，负担较轻。

4. 导致法律适用差异并影响实体处理

（1）从责任构成要件来看，侵权责任中，必须具备损害事实、有加害行为且违法行为与损害结果之间有因果关系，损害事实是侵权责任的前提，无损害事实便无侵权赔偿。在违约责任中，行为人只要实施了违约行为，且不具有有效的抗辩事由，就应承担违约责任，并不以造成损害为违约方承担违约责任的前提。

（2）从归责原则来看，侵权责任通常以过错责任为基本原则，而仅对极少的特殊侵权行为实行无过错责任原则。违约责任采用严格责任原则，即只要行为人的违约行为，没有法定的或约定的抗辩事由，行为人就应承担违约

责任,受害人只需证明违约方有违约行为,无须证明其是否有过错。

《民法典》第577条规定:当事人一方不履行合同义务或者履行合同义务不符合约定的,应当承担继续履行、采取补救措施或者赔偿损失等违约责任。第1165条第1款规定:行为人因过错侵害他人民事权益造成损害的,应当承担侵权责任。《民法典》第186条规定,因当事人一方的违约行为,损害对方人身权益、财产权益的,受损害方有权选择请求其承担违约责任或者侵权责任。违约责任与侵权责任在构成要件、归责原则、举证责任、义务内容、诉讼时效、承担责任的方式、损害赔偿的范围、主管与管辖等诸多问题上均存在差异。

《民法典》从保护当事人的合法权益出发,给了受损害方在有双重请求权时的选择权,可以选择最有利于保护自己权益的方式,要求违约方、侵害方承担责任,而人民法院应当依法受理当事人的起诉。对违约责任与侵权责任的不同的选择,会产生不同的法律后果,直接影响当事人的利益。在责任竞合的情况下,即由于当事人一方的违约行为,侵害对方人身、财产权益的,受损害方有权选择依照《民法典》要求行为人承担违约责任或者依照其他法律要求其承担侵权责任。在理论上一般采用"择一行使、择一消灭"的理解,其基本立场是,根据私法意思自治原则,受害方只能择一作出选择、并对自己的选择负责。

(二)请求权基础的竞合与确定

民事诉讼以原告"请求"被告为某种给付为基础,据以支持原告"请求权"的实证法规范或法律行为,称为"请求权基础"[1]。请求权是从大陆法系的德国法传统中发展起来的一个民事实体法的概念。一般而言,请求权指的是一种请求他人作为或不作为的权利,不仅是一种实体法上的权利,也是表明某人针对其他人的实体法上请求可以通过诉讼程序来予以主张并得到实现。

---

〔1〕 朱庆育:《民法总论》(第2版),北京大学出版社2016年版,第563页。

请求权竞合指的是在同一个纠纷事实上重叠有多重请求权，当事人可能依据不同法律关系引申出两个相异的请求权。在实务中如何处理这个问题，存在不同的观点和争议。我国法学界对此问题虽然也有涉及，却并无很深的关注。[1]《民法典》第186条规定："因当事人一方的违约行为，损害对方人身权益、财产权益的，受损害方有权选择请求其承担违约责任或者侵权责任。"依照法律规定，当事人在特殊情形下有可能既享有合同违约请求权，又享有侵权给付请求权，这就需要当事人在综合考虑请求权与抗辩、举证责任和利益得失等因素的基础上自行抉择。当然，我国司法实践中的做法是要求当事人在竞合的请求权中务必选择一个请求权向法院提出诉讼，进而确定具体的诉讼请求；司法实务界并不接受将两种请求权一并提出让法院予以裁决的方式。

（三）案件的管辖权如何确定

民事诉讼中的管辖是指各级人民法院和同级人民法院之间受理第一审民事案件的分工和权限。我们在确定争议和纠纷属于法院管辖范围以后，接下来面临的一个具体而现实的问题就是该去哪个法院去解决这个纠纷，那就是需要确定案件的管辖问题。"在民事诉讼实践中管辖是'兵家必争之地'，当事人对案件管辖权的争议经常从一审蔓延至二审甚至再审。"[2] 根据《民事诉讼法》的规定，地域管辖分为一般地域管辖、特殊地域管辖、专属管辖、共同管辖和协议管辖。专属管辖是法律明确规定一些特殊类型的案件只能由某些特定的法院管辖的制度。协议管辖，又称合意管辖，是指对不属于专属管辖的案件，当事人在纠纷发生之前或者纠纷发生之后，向法院提起诉讼之前，通过书面的协议和行为改变法律规定的管辖，从而确定第一审的具体管辖法院的一种以当事人的处分权方式约定管辖法院的管辖制度。

---

〔1〕相关内容参见王亚新、陈杭平、刘君博：《中国民事诉讼法重点讲义》（第2版），高等教育出版社2021年版。

〔2〕陈航平：《民事诉讼管辖精义：原理与实务》，法律出版社2022年版，第1页。

1. 专属管辖还是协议管辖

（1）专属管辖

专属管辖是指法律强制规定某类案件只能由特定法院管辖，其他法院无权管辖，也不允许当事人协议变更管辖。与其他法定管辖相比，专属管辖具有优先性、排他性与强制性。

《民事诉讼法》第 34 条规定："下列案件，由本条规定的人民法院专属管辖：（一）因不动产纠纷提起的诉讼，由不动产所在地人民法院管辖；（二）因港口作业中发生纠纷提起的诉讼，由港口所在地人民法院管辖；（三）因继承遗产纠纷提起的诉讼，由被继承人死亡时住所地或者主要遗产所在地人民法院管辖。"《最高人民法院关于适用〈中华人民共和国民事诉讼法〉的解释》第 28 条对适用专属管辖的"不动产纠纷"进行明确，不动产纠纷是指因不动产的权利确认、分割、相邻关系等引起的物权纠纷。该条第 2 款、第 3 款指出，农村土地承包经营合同纠纷、房屋租赁合同纠纷、建设工程施工合同纠纷、政策性房屋买卖合同纠纷，按照不动产纠纷确定管辖。不动产已登记的，以不动产登记簿记载的所在地为不动产所在地；不动产未登记的，以不动产实际所在地为不动产所在地。

从实体法请求权救济的角度来看，《民法典》第 179 条第 1 款规定："承担民事责任的方式主要有：（一）停止侵害；（二）排除妨碍；（三）消除危险；（四）返还财产；（五）恢复原状；（六）修理、重作、更换；（七）继续履行；（八）赔偿损失；（九）支付违约金；（十）消除影响、恢复名誉；（十一）赔礼道歉。"

综合来看，对于原告提出排除妨碍、消除影响、返还财产、修理、重作、更换、赔偿损失等诉讼请求要求被告承担相应责任的，属于不动产纠纷。

（2）协议管辖

协议管辖是指当事人在纠纷发生之前或者纠纷发生后、向法院起诉前，以书面形式约定诉讼的第一审管辖法院。协议管辖又称为约定管辖，系当事人处分权的应有之义，体现了民事诉讼制度的灵活性和亲民性。当然协议管辖有一些特殊的规定，比如只能在合同或者其他财产权益纠纷中适用，当事人能协议选择管辖第一审法院，不能协议选择二审、再审法院，必须以书面协议选择管辖，协议管辖不得违反民事诉讼法关于级别管辖和专属管辖的规定等。

《民事诉讼法》第35条规定，合同或者其他财产权益纠纷的当事人可以书面协议选择被告住所地、合同履行地、合同签订地、原告住所地、标的物所在地等与争议有实际联系的地点的人民法院管辖，但不得违反本法对级别管辖和专属管辖的规定。

《最高人民法院关于适用〈中华人民共和国民事诉讼法〉的解释》第29条规定，《民事诉讼法》第35条规定的书面协议，包括书面合同中的协议管辖条款或者诉讼前以书面形式达成的选择管辖的协议。第30条规定，根据管辖协议，起诉时能够确定管辖法院的，从其约定；不能确定的，依照民事诉讼法的相关规定确定管辖。管辖协议约定两个以上与争议有实际联系的地点的人民法院管辖，原告可以向其中一个人民法院起诉。

另外，根据《民事诉讼法》的规定和司法实践的运行，有一种默示的协议管辖，也称为应诉管辖、拟制合意管辖、推定管辖，是指当事人未提出管辖异议，并应诉答辩的，视为受诉人民法院有管辖权，但违反级别管辖和专属管辖规定的除外。

2. 特殊地域管辖：合同纠纷与侵权纠纷管辖之适用

特殊地域管辖是指以诉讼标的、诉讼标的物和法律事实与法院之间隶属管辖为标准所确定的管辖。特殊地域管辖主要包括合同纠纷案件管辖、侵权行为纠纷管辖以及公司相关纠纷管辖等。

《民事诉讼法》第24条规定，“因合同纠纷提起的诉讼，由被告住所地或者合同履行地人民法院管辖”，《最高人民法院关于适用〈中华人民共和国民事诉讼法〉的解释》第18条规定，“合同约定履行地点的，以约定的履行地点为合同履行地。合同对履行地点没有约定或者约定不明确，争议标的为给付货币的，接收货币一方所在地为合同履行地；交付不动产的，不动产所在地为合同履行地；其他标的，履行义务一方所在地为合同履行地。即时结清的合同，交易行为地为合同履行地”，本案中《林木砍伐补偿协议》第8条约定任何一方均可以向甲方（昆明供电局）住所地人民法院提起诉讼，昆明供电局登记地址是中国（云南）自由贸易试验区昆明片区官渡区太和街道办事处，李某1身份证住址为富民县，按照协议管辖优先于法定管辖的基本原则，官渡区人民法院对本案具有管辖权。

（1）特殊地域管辖：侵权纠纷

根据《民事诉讼法》第29条的规定，“因侵权行为提起的诉讼，由侵权行为地或者被告住所地人民法院管辖”，《最高人民法院关于适用〈中华人民共和国民事诉讼法〉的解释》第24条规定，“民事诉讼法第二十九条规定的侵权行为地，包括侵权行为实施地、侵权结果发生地”，由此确定了侵权纠纷的案件管辖的一般原则。本案中林木所在地及种植行为发生地、被危害的线路所在地均为富民县，故富民县人民法院享有管辖权。

（2）确定纠纷管辖的基准流程

当纠纷出现后，我们首先应该确定是否属于民事诉讼的主管范围，如果系民事诉讼的主管范围，则接着应审查案件向哪一级、哪一个具体的法院管辖。这就意味着，我们首先要确定案件的级别管辖；级别管辖确定后则需要进一步确定案件的地域管辖，在确定地域管辖问题上，我们首先应该仔细甄别案件是否属于适用专属管辖的情况，如果不能适用专属管辖，那么紧接着应审查识别案件是否已经事前或事中约定了书面的协议管辖；如果没有适用协议管辖的条件，则再判断案件是否适用特殊的地域管辖，如果这些情形都不存在，那么就适用一般地域管辖。

（四）诉讼保障措施（先予执行）的适用

1. 先予执行的概念

先予执行，是指人民法院在受理案件后、终审判决作出之前，根据一方当事人的申请，裁定对方当事人向申请一方当事人给付一定数额的金钱或其他财物，或者实施或停止某种行为，并立即付诸执行的一种程序。

2. 先予执行的法定适用条件

（1）当事人提出申请，法院不得依职权采取

先予执行是因为当事人一方生产、生活急需而采取的措施，而是否急需，

只有当事人体会最深。所以只有在当事人提出申请的情况下，人民法院才能裁定先予执行。

（2）当事人之间权利义务关系明确

不先予执行将严重影响申请人的生活或者生产经营。裁定先予执行，实际上是在判决确定前，实现未来判决确认的部分实体权利。

因此，裁定先予执行必须以当事人之间权利义务关系明确为前提。

"权利义务关系明确"是指在民事法律关系中，谁是享有权利的一方，谁是负担义务的一方，以及各自享有什么样的权利、负担什么样的义务都是明确的。

所谓"严重影响"，是指申请人难以甚至无法维持基本的生产、生活，如果对申请人没有产生这种影响，不能采取先予执行的措施。

（3）被申请人有履行能力

如果被申请人没有履行义务的可能，比如被申请人要破产了，或者被申请人身无分文，又无任何有价值的财物，不能裁定先予执行。

另外，申请先予执行应当向人民法院递交申请书，书写申请书有困难的，可以口头申请。人民法院对当事人先予执行的申请应当进行审查，认为符合先予执行条件和适用范围的，裁定先予执行，不符合先予执行条件和适用范围的，驳回申请。

当事人对先予执行的裁定不服，不得提起上诉，但可向作出裁定的人民法院申请复议一次，复议期间不停止裁定的执行。复议撤销先予执行裁定的，应执行回转，将已执行的财产返还被申请人。

（4）具有先予执行的紧迫性

若不立刻采取先予执行措施，将会严重影响申请人的生活或生产经营。《最高人民法院关于适用〈中华人民共和国民事诉讼法〉的解释》第169条规定："民事诉讼法规定的先予执行，人民法院应当在受理案件后终审判决作出前采取。先予执行应当限于当事人诉讼请求的范围，并以当事人的生活、生产经营的急需为限。"第170条规定："民事诉讼法第一百零六条第三项规定的情况紧急，包括：（一）需要立即停止侵害、排除妨碍的；（二）需要立即制止某项行为的……”，基于树木危害电力设施提出的排除妨害的侵权诉讼，符合法律及司法解释规定的先予执行条件，但是在司法实践中，法院对于先予执行持保守态度且对情况紧急程度的证明标准判断较为严格，可先提交有关申请，如申请不成功，就按照普通诉讼程序处理。

3. 先予执行在本案的使用

本案符合申请先予执行的条件，分析如下：

（1）昆明供电局为申请先予执行的适格主体

昆明供电局为案涉线路产权人及运行维护主体，有权要求实施危害电力设施安全行为的行为人立即停止侵害、排除妨碍，同时作为依法提起民事诉讼权利人的昆明供电局为申请先予执行的适格主体。

（2）本案案件事实清晰，符合先予执行的适用条件

首先，当事人之间权利义务关系明确，本案昆明供电局根据《电力法》《电力设施保护条例》等规定以及苗木补偿协议约定依法提起诉讼维护权益；其次，被告行为严重危及电网安全运行，危及社会公共安全，不先予执行将严重影响当地人民生活或者生产经营；最后，被申请人具有砍伐林木的履行能力。

（3）本案符合“情况紧急需要先予执行”的适用范围

本案被申请人违法在电力设施保护区内种植危及电力安全的林木，导致林木与线路距离严重超过法律规定及合同约定，严重危害社会经济发展和安全稳定，严重妨害供用电秩序，社会危害性极高，情况危急；本案昆明供电局与被申请人之间的权利义务关系是具体、清楚的，法律规定、合同约定均明确了本案被告不得在电力设施保护区内种植林木。因此本案符合《民事诉讼法》第 109 条等法律法规规定的情况紧急可以先予执行的情形。

4. 先予执行的裁定及执行结果

法院最终裁定先予执行。本案电力安全隐患在开庭审理前通过先予执行得以消除。

四、结束语

“线树矛盾”已经成为威胁电网安全运行的“隐形杀手”，导致电力运行

事故频发，降低供电可靠性。本案通过申请先予执行、政企联动、多重法律措施快速消除安全隐患，为更好更快处理线树纠纷、保障电力安全平稳运行提供新方法、新思路。

案件办理需要充分发挥诉讼程序价值，根据法律规定适时通过“诉讼 + 先予执行”等双管齐下的方式向法院寻求救济，为委托人建立高效的主动维权机制。

在司法实践中，一般而言，只有追索赡养费、抚恤金、医疗费、劳动报酬等费用的案件才会先予执行。本案法院适用兜底条款“情况紧急需先予执行”推动线树矛盾解决，开创云南省首例线树排除妨害纠纷先予执行案例，激活了法律并实现先予执行，为人民法院以及电力企业排除线树紧急妨害提供新方法、新思路。

五、思考题

1. 如何准确选择民事案由？
2. 民事案件管辖权如何选择？
3. 如何适用先予执行制度保障当事人权益？

案例学习说明

一、学习准备

课前应阅读《民法典》及相关司法解释、《民事诉讼法》及相关司法解释。

二、适用对象

法学本科生和研究生、司法实务人员。

三、学习目标

实现对民法理论知识、民事诉讼法理论知识和实践运用的灵活掌握。

四、要点分析

1. 如何选择案由？

民事案件案由是对民事法律关系的高度概括。民事案件案由是民事案件名称的重要组成部分，反映案件所涉及的民事法律关系的性质，是人民法院进行民事案件管理的重要手段。民事案件案由应当依据当事人诉争的民事法律关系的性质来确定。首先，判断案由，就是要根据案件事实，判断其中主要的法律关系；我们要根据法律关系分析法确定不同法律关系、法律关系的性质和权利义务内容，由此确定一级案由。其次，当确定了一级案由之后，我们应根据具体的法律关系确定更低层次的较为具体的案由。可通过逐一检索《民事案件案由规定》，筛选可能适用的案由，并对备选案由通过检索，再与本案进行对比，最终确定低级案由。最后，囿于实践中有些案件经过上述检索可能会无法找到合适的案由，我们可尝试使用以核心法条为关键词进行案例搜索，去分析案由的占比情况，从而进一步确定案由。

2. 案件管辖权如何选择？

民事诉讼案件管辖是方便当事人诉讼，便于案件的审理和执行的一种民事诉讼制度。按照《民事诉讼法》规定，民事诉讼案件管辖一般可以分为级别管辖、地域管辖、移送管辖和指定管辖四大类。地域管辖在司法实务中还可再分为：一般地域管辖、特殊地域管辖、专属管辖、协议管辖等类别。当纠纷出现后，我们首先应该确定是否属于民事诉讼的主管范围，如果是民事诉讼的主管范围，则接着应审查案件向哪一级、哪一个具体的法院管辖。这就意味着我们首先要确定案件的级别管辖；级别管辖确定后则需要进一步确定案件的地域管辖，在确定地域管辖问题上，我们首先应该仔细甄别案件是否属于适用专属管辖的情况，如果不能适用专属管辖，那么紧接着应审查识别案件是否已经事前或事中约定了书面的协议管辖；如果没有适用协议管辖的条件，则再判断案件是否适用特殊的地域管辖，如果这些情形都不存在，那么就适用一般地域管辖。

3. 先予执行的要素包括哪些？

先予执行，是指人民法院在受理案件后、终审判决作出之前，根据一方当事人的申请，裁定对方当事人向申请一方当事人给付一定数额的金钱或其他财物，或者实施或停止某种行为，并立即付诸执行的一种程序。

先予执行的适用情形：

（1）追索赡养费、扶养费、抚育费。

追索赡养费、扶养费、抚育费的案件，通常情形下的支付对象是老人、妇女、儿童等弱势群体，追索的赡养费、扶养费、抚育费一般是他们的基本生活保障。

（2）追索劳动报酬。

劳动报酬是当事人应得的劳动收入，一般关系劳动者及其家属的生活，对于这类案件，人民法院可以根据当事人的申请先予执行。

（3）因情况紧急需要先予执行。

因情况紧急需要先予执行，是指在诉讼中，因一方当事人的行为或责任，使另一方当事人的生产或生活发生严重困难，不及时采取先予执行措施，生产、生活就难以维持下去的情况。

先予执行的适用条件：《民事诉讼法》第110条对适用先予执行的条件作出规定，人民法院裁定先予执行的，应当符合下列条件。

（1）当事人之间包含给付内容。

民事之诉可分为确认之诉、变更之诉和给付之诉。适用先予执行的案件一般来说是给付之诉，具有可执行利益是给付之诉的一个特点，只有具有可以执行内容的案件才能先予执行。

（2）当事人之间权利义务关系明确。

当事人之间权利义务关系明确，是指该案件的事实清楚，当事人之间的责任承担问题显而易见。

（3）不先予执行将严重影响申请人的生活或者生产经营。

不先予执行将严重影响申请人的生活或者生产经营，主要指两种情况：一是申请人是依靠被告履行义务而维持正常生活的，在法院作出生效判决前，如果不裁定先予执行，原告将难以维持正常的生活；二是原告的生产经营活动，须依靠被告提供一定的条件或履行一定的义务才能进行。

（4）被申请人有履行能力。

被申请人有履行能力也是先予执行的必备条件，如果被申请人无履行能力，先予执行也就无法进行，因为此时如果裁定先予执行，可能会使被申请人无法维持生活或者生产经营。

（5）须有当事人提出申请。

只有当事人生活或者生产经营十分困难，并主动申请，人民法院才能作出对被告先予执行的裁定，人民法院不能依职权主动作出先予执行的裁定。

五、学习安排

课前要求学生预习相关知识点，课堂阅读案例涉及的相关法律文书，结合文书进行讲解、分析，课后要求学生提交法律研读报告。

六、其他学习支持

1. 中国庭审公开网：http：//tingshen. court. gov. cn/。

2. 中国裁判文书网：https：//wenshu. court. gov. cn/。

3. 中国知网：https：//www. cnki. net/。

基于诚信原则的利益衡量：未取得预售许可证订立的合同并非当然无效

于定明[*]　杨雅韵[**]

案例摘要：2018 年西安房价持续上涨，西安闻天科技实业集团有限公司（以下简称闻天公司）以未取得商品房预售许可证明为由起诉，要求确认其与购房者之间的商品房认购合同无效。本案一审法院认为取得预售许可证是商品房认购合同有效的前提，故支持了房地产开发企业的诉求，判决合同无效。购房者提起上诉，二审法院撤销一审判决并驳回闻天公司的诉讼请求。对于违反了强制性规定的合同，是否必然无效？西安市中级人民法院在本案判决中做出了回答。对于合同效力的判定，除了明文规定的禁止性表述，其余规定应当对其立法目的和追求的法律结果进行衡量，最终确认其是否属于效力性规定。该案被评为 2018 年度推进法治西安建设十大诉讼案件之一，反映出在商品房预售制度背景下，在房价大幅上涨的情况下，房地产开发企业与购房者之间存在巨大利益冲突。该案的最终判决结果保护了购房者的权益，较好地实现了法律效果与社会效果的统一。

关键词：商品房预售许可　合同效力　强制性规定

---

* 于定明，法学博士，云南财经大学法政学院教授。主要研究方向：民法学。

** 杨雅韵，云南财经大学法政学院 2022 级硕士研究生。

一、引言

1994 年 7 月 5 日，全国人民代表大会常务委员会正式通过《城市房地产管理法》，至此我国正式确定了商品房预售制度。商品房预售制度可以使房地产开发企业在并未完全建成房屋的情况下获得购房款，可以降低房地产开发企业的融资压力，在一定时期内对房地产业的发展起到了积极作用。根据《城市房地产管理法》第 45 条的规定，房地产开发企业在销售期房时，应当取得商品房预售许可证。如果房地产开发企业在未取得预售许可证的情况下订立商品房买卖合同，一般应认定合同无效。司法实践之所以将房地产开发企业在未取得预售许可证的情况下订立的商品房买卖合同按照无效合同来对待，目的在于维护房地产市场秩序，保护购房人的正当权益。但如果房地产开发企业在房价上涨的情况下以未取得商品房预售许可证为由主动追求合同无效，法院有必要运用诚信原则对合同双方的利益进行衡量。

2018 年 6 月，闻天公司在房价上涨后向法院提起诉讼，以未取得房屋预售许可证为由，请求法院判决其于 2016 年与购房者签订的认购协议无效。一审法院判决认购协议无效，但二审法院最终认定认购协议有效。[1] 无独有偶，石家庄世纪鸿基房地产开发有限公司也与多个购房人存在相同的纠纷，其提出的认购协议无效的起诉理由或抗辩理由也主要为未取得房屋预售许可证。[2] 在上述案例中，争议焦点主要在于，在房地产开发企业未取得预售许可证的情况下，房地产开发企业是否可以主张商品房买卖合同无效。

出于多种考量，上述争议的最终判决将“认购协议”认定为有效。首先，案涉认购协议对于房屋预售合同需具备的主要条款已经进行了规定，满足合同法中要求的合同成立所需具备的主要内容；其次，购房者已经支付了全部房款，应当对购房者的期待权进行保护；再次，房地产开发企业为了谋取更多利益，主张自己未取得商品房预售许可证，试图使双方签订的房屋认购协

---

〔1〕 参见陕西省西安市中级人民法院民事判决书，（2018）陕 01 民终 8145 号。

〔2〕 参见河北省石家庄市桥西区人民法院民事判决书，（2018）冀 0104 民初 6440 号；河北省石家庄市中级人民法院民事判决书，（2021）冀 01 民终 850 号。

议无效，然而该协议无效会导致购房人的利益受损；最后，违反强制性规定并不必然致使合同无效，还需要判断其违反的是效力性强制性规定还是管理性强制性规定。在本案及类案中，未取得商品房预售许可证被认为不会影响合同的效力。[1]

二、案例概况与分析

（一）案件与判决

闻天公司与李某某于2016年4月25日签订《紫杉庄园内部认购合同》，该认购合同对于房屋的具体情况进行了规定，包括其所在地、门牌号、面积及认购总价。在签订认购合同之前，房地产开发企业已于2011年取得案涉房地产开发项目的国有土地使用证，于2012年取得建设用地规划许可证。在签订内部认购合同时，双方均明知紫杉庄园项目无预售许可证。案涉房地产开发项目于2016年5月动工，2017年5月主体工程封顶，2017年6月取得建设工程规划许可证，2018年6月取得商品房预售许可证。2016年8月3日，西安市长安区住房保障和房屋管理局对案涉项目进行检查，发现该项目未取得预售许可证，涉嫌无证销售，遂于同年8月9日作出处理决定：责令闻天公司停止一切销售行为及和房屋销售相关的广告宣传活动；立即进行企业经营整改，并对违规销售的房屋逐一清退；尽快办理相关建审手续。2018年2月12日，闻天公司以案涉房屋未取得商品房预售许可证为由将李某某起诉至法院，请求确认双方签订的认购合同无效。

一审法院基于《最高人民法院关于审理商品房买卖合同纠纷案件适用法律若干问题的解释》（以下简称《商品房买卖合同解释》）第2条及《城市商品房预售管理办法》第6条之规定，将内部认购合同认定为无效合同，自始无效。二审法院经审理查明，首先，认购合同的名称虽为“紫杉庄园内部认购合同”，但合同对买卖双方当事人名称、商品房基本情况、商品房价款、付

---

〔1〕参见陕西省西安市阎良区人民法院民事判决书，（2019）陕0114民再2号；陕西省西安市莲湖区人民法院民事判决书，（2018）陕0104民初207号。

款方式、付款时间等内容进行了明确约定，合同内容已经具备了商品房预售合同的主要条款，该认购协议为商品房预售合同；其次，李某某在合同签订当日即支付了房屋总价款，闻天公司对其出具了接受购房款的收据，诉讼中闻天公司未对李某某履行合同的行为进行抗辩，事实上双方当事人同意对商品房预售合同实际履行；最后，双方均认可认购合同实质是商品房预售合同。因此，根据《最高人民法院关于适用〈中华人民共和国合同法〉若干问题的解释（二）》（已失效）第 1 条的规定，二审法院认为该合同已成立并形成了商品房预售合同法律关系。

二审法院认为，闻天公司应承担办理房屋预售许可证的义务但未承担，目的在于获取超出合同预期的更大的利益，逃避履行合同义务，不符合诚信原则，与社会价值导向和公众认知相悖。与此同时，对于“商品房预售应当取得商品房预售许可证明”的规定，二审法院认为其目的在于约束房地产开发企业，让房地产开发企业更好地履行交房义务，并不必然导致其签订认购合同的民事法律行为无效。据此，闻天公司与李某某签订的认购合同有效。

本案二审法院对于违反强制性规定的民事法律行为的区分，确认了在司法实践中效力性强制性规定与管理性强制性规定存在不同，但并未在判决中对其进行详细的阐释。事实上，对于合同的成立与生效，虽已由法律进行直接规定，但在适用有关合同效力的具体规则会导致不好的法律效果时，民法原则的运用对于司法实践仍然不可或缺。

（二）辩论争议焦点：强制性法律规定之于合同效力

自私法产生后，意思自治就开始活跃于私法舞台。正如《法学阶梯》所言，“其债务的缔结只需要双方当事人的同意的说法，乃是因为其缔结既不需用文书，也不需要当事人在场。此外，也没有必要给予某物，只须进行该法律行为的当事人同意即可”。虽然意思自治并非绝对的，但符合法定条件的当事人仍然可以通过作出意思表示的方式对其民事行为进行安排，形成的约定如同法律规则，在当事人之间因为自愿受达成的契约的约束而具有约束力。以《法国民法典》为例，其第 1134 条规定：“对于契约的当事人而言，依照制定法成立的契约等同于他们之间的制定法。除非经过双方的同意或者除非具有制定法授权的某种原因，否则，契约不得被解除；契约应当以善意的方式履行。”一般而言，为保障契约自由及意思自治，在不侵害他人利益和社会公共利益的情况下，私法领域中对于双方达成的约定，多认定为有效。但在国家的发展以及对政府职能的规范化打造之下，当事人的意思自由可能会与行政规范发生冲突。如何解决这样的冲突，平衡各方利益，协调行政规范和民事规范的适用，是我国法院在适用法律时需要考虑的问题。

《民法典》第153条第1款规定，“违反法律、行政法规的强制性规定的民事法律行为无效。但是，该强制性规定不导致该民事法律行为无效的除外”。绝大多数强制性规定都没有明确规定违反该规定对法律行为效力的影响，一条强制性规定究竟是否属于效力性强制性规定，从该规定的文义中通常得不到答案。〔1〕 最高人民法院在一例合资、合作开发房地产合同纠纷案中，认为正确理解、识别效力性强制性规定与管理性强制性规定，不仅关系民商事合同效力维护，还影响市场交易的安全与稳定，法院应当根据法律法规的意旨，权衡相互冲突的权益，综合认定相关规定属于效力性强制性规定还是管理性强制性规定。而判断某项规定属于效力性强制性规定还是管理性强制性规定的根本在于违反该规定的行为是否严重侵害国家、集体和社会公共利益，是否需要国家权力对当事人意思自治行为予以干预〔2〕。

《城市房地产管理法》第45条第1款规定，“商品房预售，应当符合下列条件：……（四）向县级以上人民政府房产管理部门办理预售登记，取得商品房预售许可证明”，此为法律中关于商品房预售的前置性程序的规定，取得房屋预售许可证明是其中之一。对于违反此项规定的后果，在司法解释中得以进一步明晰。《商品房买卖合同解释》第2条规定，“出卖人未取得商品房预售许可证明，与买受人订立的商品房预售合同，应当认定无效，但是在起诉前取得商品房预售许可证明的，可以认定有效”，该解释确定了对于未取得

〔1〕 参见杨代雄：《民法总论专题》，清华大学出版社2012年版，第135页。
〔2〕 参见最高人民法院民事判决书，（2018）最高法民终790号。

商品房预售许可的商品房预售合同效力的判定方法。在《最高人民法院关于裁判文书引用法律、法规等规范性法律文件的规定》第 4 条中，规定了民事裁判文书应当引用法律、法律解释或者司法解释。可以看出，司法解释可以作为民事裁判的依据。基于上述条文，由于本案中闻天公司在起诉前仍未取得商品房预售许可证明，一审法院根据《商品房买卖合同解释》第 2 条的规定判决合同无效，[1] 但二审法院并未选择适用一审法院裁判依据中的《商品房买卖合同解释》第 2 条的规定，而是判决该合同有效。

商品房预售许可作为一种行政管理手段，主要目的在于约束出卖人，增加出卖人的义务，确保出卖人能够履行预售合同，交付商品房，达到保护买受人享有合同履行所得利益的目的。那么，预售许可制度所希望的实际上是当事人适当履行合同，遵循民法的价值取向，包括诚实信用原则，因此商品房预售合同的效力也应当受到诚实信用原则的约束。另外，如果出卖人一直没有取得预售许可证，但在房屋建成后依旧交付给买受人，且对相关手续进行补办，买受人就得以通过登记的方式取得了房屋所有权。对相关手续的补办以及对房屋的交付，正是房地产开发企业在此种情况下对于诚实信用原则的践行。如果产生纠纷，一味以签订预售合同时没有取得许可来认定合同无效，并不符合商品房预售合同促进交易的目的。预售许可作为公法上的行为，其行政相对人为出卖人，目的在于要求出卖人必须履行法定义务。如果此类规定反而使买受人遭到损失，并不符合该条文的立法初衷。“在解释现代法律的许多案件中，可以假定立法者的意图和目的是促进合理目标的实现。”[2] 对此，《最高人民法院关于适用〈中华人民共和国民法典〉合同编通则若干问题的解释》第 16 条明确规定，虽然订立合同时违反强制性规定，但是当事人在合同订立后其已经具备补正违反强制性规定的条件却违背诚信原则不予补正的；人民法院可以依据《民法典》第 153 条第 1 款关于“该强制性规定不导致该民事法律行为无效的除外”的规定认定该合同不因违反强制性规定无

[1] 参见陕西省西安市长安区人民法院民事判决书，(2018) 陕 0116 民初 2519 号。

[2] [英] 约瑟夫·拉兹：《法律的权威》，朱峰译，法律出版社 2005 年版，第 181 页。

效。因此，当法官在审理预售许可造成的合同效力的纠纷的案件时，应当进行一定的价值判断。正如本案中二审法院放弃了对于《商品房买卖合同解释》第2条的援引，不认为因缺乏预售许可证而导致认购协议无效，以此来更好地保障购房者的利益。

三、结束语

我国《行政许可法》第11条规定，设定行政许可，应当遵循经济和社会发展规律，有利于发挥公民、法人或者其他组织的积极性、主动性，维护公共利益和社会秩序，促进经济、社会和生态环境协调发展。从该规定可以看出，设定行政许可的原则之一就是使经济、社会和生态环境都能够得到发展。有关行政许可的强制性规定，与合同的意定性本身就是相悖的，当它们之间发生冲突之时，需要法官进行价值判断。在不同结论中选择最为符合公共利益的措施，才能符合行政许可设定的目的。商品房预售许可是为了保障购房者群体的利益而设定的行政许可，裁判者对于相关强制性规定的运用也应当以减轻购房者风险为目的。如果将相关强制性规定理解为对于合同效力的束缚，违反此类规定的合同都断定为无效，排除了法官对条文的价值判断，会使裁判过程变得教条。

裁判者在法庭审理中的作用，需要运用其主观能动性来体现出法律的温度。司法是中立的，但不是完全被动的，对于房地产开发企业与购房者双方当事人而言，在当事人的诉讼能力并不平等时，法官仍应提供必要的“平等武装”。私法领域中存在大量的习惯或者当事人约定的情形，需要法官根据生活常识来进行判断，通过裁判文书来体现应有的社会价值，避免案件的裁判出现不良的社会示范效应。与房屋买卖相关的合同纠纷，包括房屋预售合同纠纷，极大可能会涉及众多人，并且当下的纠纷解决方式往往可能影响潜在的纠纷的增减。出于避免潜在纠纷爆发的理念，同时也能够符合传统诉讼定分止争观念的要求，法官通过发挥主观能动性，把握当下和潜在的纠纷之间的关联，进而考虑后续的纠纷的解决问题，最终作出相应的裁判。这样一来，在案件的示范效果上将会优于机械运用法条进行裁判的结果。

对于强制性规定而言，法官需要对其产生的约束力以及设定的目的进行判断。《民法典》第153条对于强制性规定的区分是通过“但书”的形式来实现的，从表面上看所有强制性规定都会否定当事人之间的法律行为的效力，实际上并非如此。既然在公法领域中对于违反强制性规定的行为作出了惩罚性的规定，那么大量违反强制性规定的行为通过行政手段即可得到约束，如行政处罚、行政强制等手段也能够同样地达到立法者所追求的社会治理的目的。对于这类规定，并不一定要进入以意思自治为核心的合同领域并否认合同的效力。例如，一方当事人在接受了行政处罚之后，如果仍然适当履行合同义务，无论是出于公法的社会治理预期，还是出于私法的允诺兑现意义，都更符合强制性规定所想达到的效果，即使他违反了强制性规定，也不应当认定合同无效。由此可见，法官对于强制性规定的目的的判断格外重要，只有准确地判断出规定所追求的目的，才能确认民事行为是否应当有效。

二审法院对于诚实信用原则的运用，符合普通老百姓的价值追求。在交易中，的确存在违背诚实信用原则，利用强制性规定逃避履行合同义务的情况。正如《墨子·修身》中所述，“志不强者智不达，言不信者行不果”。诚实信用作为一项古老的道德戒律，不论古今中外，始终被人们所推崇。而诚实信用作为法律原则出现则是在罗马法时期，包含两层含义：一是指诚实守信，是合法民事行为的基本特征；二是指不损害他人权益的善意。[1] 我国《民法典》第7条明确规定诚实信用原则。在闻天公司与李某某确认合同无效纠纷案中，合同的继续履行恰是对于诚实信用原则的践行。由于房屋价格上涨，合同的继续履行对购房者有利而对房地产开发企业无利，房地产开发企业原本可以补办商品房预售许可证却没有补办，而是向法院提起诉讼试图确认合同无效。一审法院认为预售合同无效，二审法院改判为合同有效。改判的重要原因在于，如果在与本案类似的情况下，将违反强制性规定的合同一概认定为无效，就会使违法的一方获利，守法的一方遭受损失。这对于违法的行为是一种纵容，令合同的当事人更愿意以合同无效为由逃避合同履行的

〔1〕 参见黄风编著：《罗马法词典》，法律出版社2001年版，第67页。

责任，将违背民法中的诚信原则，不利于已有的和未来的交易的稳定。

将“关系契约”（Relational Contract）这一经济学中的理论观点引入合同法研究中，可以带来新的思路。将合同交易置于社会关系的背景之中，认为所有合同交易都是在社会关系中进行，因而所有的合同也都根植于社会关系。[1] 期待利益是合同一方当事人订立合同所期待达到的目的，是合同当事人在订立合同时所能预见到的合理受益。当事人基于合同形成了信赖关系，从而获得了期待利益。从关系契约的角度来看，获得期待利益的信赖关系是达成契约的基础。任何一方如果可以任意以违反强制性规定而主张合同无效，进而逃避商业风险或者合同履行的义务，就必然会破坏合同当事人之间的信赖。合同法注重保障当事人之间的信赖关系，这也是合同法保障交易安全的重要体现。[2] 在本案中，签订认购合同之前，房地产开发企业已经取得了两种商品房预售所必备的证件，且购房者支付了全部房款，购房者有理由相信房地产开发企业会按照规定和约定履行义务，自己在合同所规定的履行期限届满前会取得商品房的所有权。如果以违反《城市房地产管理法》第45条作为理由直接认定预售合同无效，就会损害购房者的合理信赖，而这本身与该条规定所追求的维护商品房预售市场的稳定性和安全性的目的相悖。

四、思考题

1. 简述诚实信用原则对民事活动的影响。
2. 简述强制性规定之区分。
3. 简述商品房预售许可对商品房预售合同效力的影响。
4. 简述商品房预售中情势变更原则的适用。

五、附录

1. 陕西省西安市莲湖区人民法院民事判决书，（2018）陕0104民初

〔1〕 参见［美］麦克尼尔：《新社会契约论》，雷喜宁、潘勤译，中国政法大学出版社2004年版，第11页。

〔2〕 参见［德］卡尔·拉伦茨：《正确法：法伦理学基础》，雷磊译，法律出版社2022年版，第74页。

207号。

2. 陕西省西安市中级人民法院民事判决书，（2018）陕01民终8145号。

3. 最高人民法院民事判决书，（2018）最高法民终790号。

4. 陕西省西安市阎良区人民法院民事判决书，（2019）陕0114民再2号。

5. 河北省石家庄市中级人民法院民事判决书，（2021）冀01民终850号。

案例学习说明

一、学习准备

1. 提前一周布置阅读判决书。梳理判决意见和争议焦点，课前两天提交案例梗概小报告。

2. 学生自主选择分为四组，分别对四道思考题进行剖析与回答，准备课堂汇报。

二、适用对象

主要为法学专业本科以上学生，或对法律案件具有浓厚研习兴趣的思考者。

三、学习目标

本案例聚焦合同效力问题以及其与强制性规定发生冲突时的解决方式，同时也延伸到法官的主观能动性、诚实信用原则在合同中的体现等问题。本案例需要解决的关键问题亦即本案例教学的目的，在于引导学生通过对司法判决的深入分析，了解实践中在商品房预售许可制度下，预售合同所受的行政许可的约束，理解强制性规定背后的价值追求，以便正确处理合同效力与强制性规定之间的关系，巩固合同法知识。

四、要点分析

（一）诚实信用原则对民事活动的影响

我国《民法典》第7条规定，民事主体从事民事活动，应当遵循诚信原则，秉持诚实，恪守承诺。《民事诉讼法》第13条第1款规定，民事诉讼应当遵循诚信原则。实体上和程序上对于诚实信用原则的确立，符合大众对于社会风气的改观的期待。诚实信用原则的法定化，对于规范当事人在民事诉讼中的行为，遏制虚假诉讼和恶意诉讼起到积极作用。

诚实信用原则既是古往今来公众认可的一项道德原则，也是民事法律的一项基本原则。据考证，我国诚信原则在诉讼中的体现始于西周，当时人们普遍存在敬畏上天的社会心理，对天发誓可以证实宣誓的诚意，表明其言辞的真实性和诺言的不可反悔，否则将受到天的惩罚。[1] 近现代以来，1804 年《法国民法典》第 1134 条、1900 年《德国民法典》第 242 条、1912 年《瑞士民法典》第 2 条（1）、1947 年的《日本民法典》第 1 条（2）都相继对诚实信用原则进行了规定，尤其是《瑞士民法典》将诚实信用原则扩展到一切民事活动。在民事活动中，诚实信用原则要求当事人信守承诺，直接代表了民法的价值追求，被誉为现代民法的“帝王条款”。民事主体在民事活动中对于民事主体之间的利益的维持与社会利益之间的平衡，在很大程度上依赖于当事人对于诚信原则的贯彻。当事人信守承诺，可以从自身提供对合同履行的保障，合同的顺利履行给市场经济主体的交易活动带来信心，是市场经济能够蓬勃发展的前提。

从实体法角度来看，诚实信用原则指的是民事主体从事民事活动时，应当诚实守信，正当行使民事权利并履行民事义务，“要求民事主体在民事活动中维持双方的利益平衡，以及当事人利益与社会利益平衡的立法者意志”[2]。按照诚实信用原则的要求，当事人不仅要承担法律规定的和当事人在达成合意时所约定的义务，还包括承担随着合同的发展而潜在的义务，也即在一般人观点中，应当由当事人履行的义务，即使未进行约定，也应当履行。诚实信用原则使民事活动中双方当事人需要信守承诺，尤其是在合同领域，恪守信用才能让当事人对于合同未来的履行存有信心。也可以说，当事人的期待利益与诚实信用原则的践行息息相关，倘若对于合同不守信，就无法根据现

---

〔1〕 参见叶孝信：《中国法制史》，复旦大学出版社 2002 年版，第 47～48 页。
〔2〕 徐国栋：《诚实信用原则研究》，中国人民大学出版社 2002 年版，第 2 页。

有的约定来推测将来合同履行能带来的利益。在此种无法预估未来的合同履行，导致当事人互不信任的情况下，合同对权利义务的约定也就成了一纸空文，交易的安全性因双方都不愿适当履行义务而受到威胁。

从程序法角度来看，诚实信用原则贯彻于民事诉讼的全过程，对当事人和其他诉讼参与人的行为具有导向和规制作用，主要体现在禁止滥用诉讼权利、禁止在诉讼中为前后矛盾的陈述即禁反言、禁止作伪证或虚伪陈述等方面[1]。但该原则具有高度的概括性，难以直接适用于具体案件的审判，往往作为一种补充性原则，法官运用自由裁量权在裁判和解释时对其进行运用，用于矫正或弥补民事诉讼中即使适用具体规定也难以解决纠纷的情况。在司法实践中，诚实信用原则的运用已经成为普遍的现象。以“《民事诉讼法》第13条第1款”作为法律依据在裁判文书网中对民事案由进行检索，2017—2022年，共243,943篇文书，滥用诉讼权利在民事诉讼中并不罕见。诚实信用原则作为对诉讼权利的约束之一，除了减轻司法机构尤其是裁判机关的工作量，也可以让社会大众更少地因陷入诉讼而耗费时间与精力。

（二）强制性规定之区分

对强制性规定进行区分，是为了更好地践行“法不禁止即自由”的民法理念。“之所以特别设此强制性规定，是因所管制的行为反复出现，已经定型，立法者得以有特别针对性地拟出强制规定，予以应对。”[2] 立法者不可能预测所有应被法律法规禁止的行为，并将这些行为使用“禁止性规范”进行约束。《民法典》第153条第1款中所述的“强制性规定”衔接了私法与公法，意图对私法主体的行为进行约束，使公法的规定与私法上的法律行为相联系，避免出现公法上违法但私法上有效的矛盾。该款规定在中国经历了数度变迁，至今仍在被学者不断进行讨论。本条款最初源自《民法通则》（已失效）第58条第1款第5项规定，即违反法律或者社会公共利益的民事行为无效。《合同法》（已失效）第52条则首次明确提到了“违反法律、行政法规

〔1〕 参见江必新主编：《〈中华人民共和国民事诉讼法〉修改条文解读与应用》，法律出版社2012年版，第16页。

〔2〕 李宇：《民法总则要义：规范释论与判解集注》，法律出版社2017年版，第632页。

的强制性规定”的合同无效。2017 年 10 月 1 日起施行的《民法总则》第 153 条第 1 款规定“违反法律、行政法规的强制性规定的民事法律行为无效，但是该强制性规定不导致该民事法律行为无效的除外”，此时已与目前《民法典》的表达一致，增加了但书，进一步缩小了违反强制性规定的行为无效的范围。

2009 年 2 月 9 日通过的《最高人民法院关于适用〈中华人民共和国合同法〉若干问题的解释（二）》（已失效）第 14 条规定，“合同法第五十二条第（五）项规定的‘强制性规定’，是指效力性强制性规定”。同年，《最高人民法院关于当前形势下审理民商事合同纠纷案件若干问题的指导意见》第 15 条认为“违反效力性强制规定的，人民法院应当认定合同无效；违反管理性强制规定的，人民法院应当根据具体情形认定其效力”。2019 年，最高人民法院第九次《全国法院民商事审判工作会议纪要》第 30 条对强制性规定的识别进行了类型化规定。上述规定将“强制性规定”区分为“效力性强制性规定”和“管理性强制性规定”，进一步限缩了“强制性规定”导致法律行为无效的适用范围。

“强制性规定”的识别，可以从法律解释、利益平衡、类型化方法三个方面进行。对于法律解释而言，一是进行文义解释，如果法律条文中采用“可以”等类似表达，应当认为是任意性规范；而采用“应当”“禁止”等表达方式的，则应当认为是强制性规范，但并不能据此直接认定其属于效力性强制性规。二是进行目的解释，通过探究强制性规范的目的，来识别是否属于效力性规范。首先，考虑法律规范保护的范围，如果仅为了保护当事人利益，则不应认定为效力性规范，如果保护公共利益，则可能为效力性规定。其次，考虑强制性规范约束的主体，德国法上的规范对象说认为，法律行为原则上只有在强制性规范以所有当事人为调整对象时，才能无效。最后，规制目的通过行政责任可以实现的，不一定需要借助宣布合同无效的方式来实现。三是进行体系解释，在对条文的规范性质进行认定时，应当联系其前后条文或相关条文进行阐释。对于利益平衡而言，则是在发生摩擦的利益之间寻找平衡，由法官衡量优先保护何种利益。取缔规定和效力规定难以区分时，应综合法规的意旨，权衡相冲突的利益加以认定。对于类型化的方法而言，即将强制性规定的重要类型进行列举，可在考量强制性规定所保护的法益类型、违法行为的法律后果以及交易安全保护等因素的基础上认定规范性质。[1]

（三）商品房预售许可对商品房预售合同效力的影响

尽管行政行为与意思自治看似分属公法与私法领域，但人的社会活动的多样性使得它们不可避免地会出现交集，商品房预售许可制度正是政府用行政措施在以意思自治为核心的民法领域进行适度干预的体现。《民法典》第 5 条规定了民事主体从事民事活动应当遵循自愿原则，按照自己的意思设立、变更、终止民事法律关系，这是我国民法中对于自愿原则也即意思自治原则的规定。意思自治是我国民法原则中的一项基本原则，但不能将其绝对化。梳理我国《民法典》的规定，也不乏对意思自治原则的约束。例如，《民法典》第 77 条规定了营利法人的登记制度，营利法人的设立以登记为生效要件，体现了国家对于营利主体通过登记的形式来进行资格的确认；又如，《民法典》第 494 条第 1 款[2]规定，在国家下达订货任务等情况下，订立合同的限制为有关法律和行政法规规定的权利和义务。不难看出上述例子中意思自治原则与公共秩序产生了摩擦，意思自治让步于公共秩序，为达成社会治理，合同的一方当事人需要承担公法上所确定的义务，意思自由受到约束。

依据《行政许可法》第 2 条规定，行政许可是行政机关根据公民、法人或者其他组织的申请，经依法审查，准予其从事特定活动的行为。《城市房地产管理法》第 45 条第 1 款所确立的商品房预售许可制度，是典型的“申请—审查—许可”形式的行政许可，是由房地产开发企业向房屋行政主管机关提出申请，房屋行政主管机关经依法审查，许可其预售商品房的资格的制度。商品房预售许可作为对房地产开发企业与购房者所签订的预售合同的限制，在《商品房买卖合同解释》第 2 条的规定之下，对于合同效力的影响不言而

---

〔1〕 参见王利明：《论效力性和非效力性强制性规定的区分——以〈民法典〉第 153 条为中心》，载《法学评论》2023 年第 2 期。

〔2〕 国家根据抢险救灾、疫情防控或者其他需要下达国家订货任务、指令性任务的，有关民事主体之间应当依照有关法律、行政法规规定的权利和义务订立合同。

喻。行政许可作为一种公共秩序，对于管制国家和社会发挥了重要的作用。行政机关基于行政许可准予公民、法人或其他组织从事特定的活动，从民事法律的角度来看，有的被准予实施事实行为，有的被准予实施法律行为。在《城市房地产管理法》第45条中，对于商品房预售的许可是对于商品房预售市场准入资格的许可，也即许可订立商品房预售合同。从形式上看，该强制性规定意在禁止特定人从事商品房预售交易，即未取得商品房预售许可的人不得从事商品房预售交易。由此可得，该许可是对于实施法律行为的许可，商品房预售合同本身并非法律禁止的对象。

从法条变迁的情况来看，《商品房买卖合同解释》颁布之前，最高人民法院在1995年印发的《关于审理房地产管理法施行前房地产开发经营案件若干问题的解答》（法发〔1996〕2号）中，曾确定了商品房预售方持有土地使用证，投入了一定的开发建设资金，进行了施工建设，预售商品房，在一审诉讼期内办理了预售许可证明的，可认定预售合同有效。虽然该条规定已经被废止，但它回答的问题与本案一审法院据以裁判的《商品房买卖合同解释》第2条所回答的问题一致，最大区别在于商品房预售合同效力的补正期能否在起诉之后，共同点在于都承认了商品房预售合同因缺乏预售许可证导致的效力问题是可以补正的。可以看出，行政许可对于商品房预售合同的效力的约束呈现了相对保守的姿态，预售许可证的目的并非在于“一刀切”而令无预售许可证状态下签订的商品房预售合同无效。与此同时，最高人民法院也有法官指出，预售许可证是行政管理手段，没有预售许可证，出卖人应当受到行政处罚，但不应影响民事合同效力。〔1〕

预售许可之所以以规定市场准入资格为目的，是为了预售合同的履行得到保障的概率提升，以实现交易目的。在购房者已经履行义务的情况下，则更多的是考虑合同的履行对交易稳定能否有促进作用。预售合同标的物是将来建成的房屋，因此商品房预售是将来物的买卖，必然会带来交易风险，政

〔1〕参见最高人民法院民事审判第二庭主编：《〈全国法院民商事审判工作会议纪要〉理解与适用》，人民法院出版社2019年版，第637页。

府必须采取积极的措施进行干预。预售许可证就是对商品房预售的管制措施之一，该许可是通过对房地产开发企业的约束来进行的，并非为了加重购房者的义务而是为了保护购房者的权益。如果本案中合同被认定为无效，相似情形的潜在的合同的效力也会受到冲击，交易的稳定性受到破坏，会严重损害已适当履行合同义务的购房者的合理利益。

（四）商品房预售中情势变更制度的适用

在社会历史的变迁和对社会实践经验的总结基础上，我国《民法典》吸纳并修改了《最高人民法院关于适用〈中华人民共和国合同法〉若干问题的解释（二）》（已失效）第26条，于第533条对情势变更制度进行了规定。情势变更制度，是指合同有效成立后，因不可归责于双方当事人的事由，发生了不可预见的重大情势变化，致使合同的基础动摇或者丧失，若继续履行合同会显失公平，因此允许当事人通过协商或者司法程序变更或者解除合同的制度。[1] 因此，在出现情势变更的情形下，可以选择磋商或者请求变更和解除合同，为合同双方当事人提供了在不利影响下尽可能减少损失的方式。在新冠肺炎疫情期间，最高人民法院要求保护市场主体自主交易，合理判断合同效力，通过适用此规定对受直接影响中小微企业的合理利益的保护发挥了积极作用。在《民法典》第533条规定中，其难点在于如何把握合同基础的“重大变化”。是否属于重大变化应当符合以下三个方面的条件：（1）这种重大变化是一种客观情况，要达到足以动摇合同基础的程度，这要根据客观情况本身及其对合同基础的影响等进行具体判断；（2）这种重大变化应发生在合同成立后至履行完毕前的期间内；（3）这种重大变化应当是当事人在订立合同时无法预见的，且这种重大变化不属于商业风险。[2]

在商品房预售领域中，因政策变化造成的较高利益差额应当被纳入情势变更可以适用的范围，但情势变更能否适用，最主要的是对情势变更与商业

---

〔1〕参见最高人民法院民法典贯彻实施工作领导小组主编：《中华人民共和国民法典合同编理解与适用（一）》，人民法院出版社2020年版，第477页。

〔2〕参见石宏主编：《〈中华人民共和国民法典〉释解与适用·合同编》（上册），人民法院出版社2020年版，第132页。

风险进行区分。《最高人民法院关于当前形势下审理民商事合同纠纷案件若干问题的指导意见》第3条规定："人民法院要合理区分情势变更与商业风险。商业风险属于从事商业活动的固有风险，诸如尚未达到异常变动程度的供求关系变化、价格涨跌等。情势变更是当事人在缔约时无法预见的非市场系统固有的风险。人民法院在判断某种重大客观变化是否属于情势变更时，应当注意衡量风险类型是否属于社会一般观念上的事先无法预见、风险程度是否远远超出正常人的合理预期、风险是否可以防范和控制、交易性质是否属于通常的'高风险高收益'范围等因素，并结合市场的具体情况，在个案中识别情势变更和商业风险。"对于商业风险与非商业风险，进行区分时，应当以商业的视角来衡量，即考虑市场主体的成本与收益，其风险是否属于一般人难以预见、是否能够进行防范与控制、交易是否属于"高风险高收益"的范畴。

五、学习安排

案例学习拟2.5个学时，内容分为三个阶段：

第一阶段——案件及判决介绍，引导学生了解案件发生的背景。

第二阶段——思考题解析。本案例重点讨论以下四个问题，由小组分别进行汇报，指定其他小组两位同学进行评议：

1. 诚实信用原则对民事活动的影响。

2. 强制性规定之区分。

3. 商品房预售许可对商品房预售合同效力的影响。

4. 商品房预售中情势变更原则的适用。

第三阶段——教师总结、评价。

六、其他学习支持

1. 朱庆育：《私法自治与民法规范　凯尔森规范理论的修正性运用》，载《中外法学》2012年第3期。

2. 贺小荣：《意思自治与公共秩序——公共秩序对合同效力的影响及其限度》，载《法律适用》2021年第2期。

3. 张民安：《法国民法中意思自治原则的新发展》，载《法治研究》2021

年第 4 期。

4. 张卫平：《民事诉讼中的诚实信用原则》，载《法律科学（西北政法大学学报）》2012 年第 6 期。

5. 徐国栋：《民法基本原则解释——诚信原则的历史、实务、法理研究》，北京大学出版社 2013 年版。

6. 焦富民：《论诚实信用原则与我国现代合同法的重塑》，载《河北法学》2002 年第 4 期。

7. 王利明：《论效力性和非效力性强制性规定的区分——以〈民法典〉第 153 条为中心》，载《法学评论》2023 年第 2 期。

8. 杨代雄：《〈民法典〉第 153 条第 1 款评注》，载《法治研究》2020 年第 5 期。

9. 常鹏翱：《行政许可与合同效力——以商品房预售为对象的分析》，载《武汉大学学报（哲学社会科学版）》2020 年第 4 期。

10. 王轶：《论商品房预售许可证明对合同效力的影响》，载《比较法研究》2018 年第 6 期。

11. 朱广新：《情势变更制度的体系性思考》，载《法学杂志》2022 年第 2 期。

12. 崔建远：《情事变更原则探微》，载《当代法学》2021 年第 3 期。

国有建设用地使用权出让合同性质认定及诉讼争议

——基于Y省K市某新区建设用地使用权出让合同的案例分析

牛　磊*

案例摘要： 土地受让人通过招拍挂程序取得项目用地后，与土地管理部门签订《国有建设用地使用权出让合同》，合同约定应当在合同签订后45日内一次性支付全部价款，合同签订后，受让人并未按照约定缴纳土地出让金，仅以竞买保证金冲抵形式支付部分土地出让金。土地管理部门以民事合同纠纷向法院提起民事诉讼，同时土地受让人以行政协议纠纷向同一法院提起行政诉讼，由于法院内部对此合同性质存在争议，民事诉讼与行政诉讼一审先后被驳回，土地管理部门面临无法维权的窘境。对此问题，笔者仔细分析了各种理论研究观点，查询了近年来最高人民法院对该问题的实务判例，笔者认为将《国有建设用地使用权出让合同》定性为民事合同不仅符合现有法律原则和精神，也有利于实现对财产及双方当事人的平等保护。

关键词： 国有建设用地使用权出让合同　民事合同　行政协议　国家收回建设用地使用权

* 牛磊，法学硕士，西南林业大学文法学院讲师，兼职律师，普洱（澜湄国际）仲裁委员会仲裁员、昆明市律协东南亚南亚法律事务专业委员会委员。

一、引言

由于我国独特的土地制度及土地管理体制，国有建设用地使用权出让合同的一方当事人为代表国家的自然资源管理部门，兼具民事主体和行政主体双重角色，出让合同条款既有《民法典》规定的内容，也有《土地管理法》的行政监管条文，导致国有建设用地使用权出让合同在法律性质上究竟属于民事合同还是行政协议于理论界及诉讼实务中存在诸多争议。本文将结合笔者目前办理的一起建设用地使用权出让合同纠纷案件，对理论研究以及实务案件中存在的争议进行分析，探讨将国有建设用地使用权出让合同认定为民事合同的合理性及必要性，以期为解决该问题提供参考。

二、案例概况与分析

1. 概念界定

（1）国有建设用地使用权出让合同

《最高人民法院关于审理涉及国有土地使用权合同纠纷案件适用法律问题的解释》第 1 条规定："本解释所称的土地使用权出让合同，是指市、县人民政府自然资源主管部门作为出让方将国有土地使用权在一定年限内让与受让方，受让方支付土地使用权出让金的合同。"该司法解释虽然对土地使用权出让合同进行了定义性解释，明确了出让主体和出让标的物，但回避了对合同性质的认定。同时，《民法典》《土地管理法》《城市房地产管理法》等法律对这一问题也无具体规定，最高人民法院的司法判例中有一些认定为民事合同，有一些认定为行政协议，具体如何至今尚无定论。

（2）民事合同与行政协议

根据《民法典》第 464 条第 1 款规定，民事合同是民事主体之间设立、变更、终止民事法律关系的协议。

根据《最高人民法院关于审理行政协议案件若干问题的规定》第 1 条规定，行政协议是指行政机关为了实现行政管理或者公共服务目标，与公民、法人或者其他组织协商订立的具有行政法上权利义务内容的协议。

相较于民事合同的平等性和合意性，行政协议具有明显的行政性，协议目的是实现行政管理或者公共服务。行政机关在行政协议中具有行政优益权，对行政协议履行有指导与监督权，在法定条件下，可以解除或者变更行政协议，在协议相对方拒绝履行或者不按照协议履行时，可以强制执行或进行行政处罚。

2. 案例概述

（1）背景

出让人：Y 省 K 市某新区国土资源局（现为自然资源和规划局）

受让人：X 公司（属于港澳台法人独资成立的有限责任公司）

Y 省 K 市某新区系 2015 年经国务院批准同意设立的国家级新区，2018 年 5 月，该新区政府为招商引资，与一港澳台外资企业签订《产业项目投资协议》，为配合产业项目落地，该外资企业设立的独资 X 公司于 2018 年 8 月 16 日通过招拍挂形式取得项目用地，并与新区国土资源局签订《国有建设用地使用权出让合同》。该项目土地出让金为 3600 万元，双方约定于 2018 年 9 月 15 日前由受让人一次性支付全部价款，受让人不能支付国有建设用地使用权出让价款的，自滞纳之日起，每日按迟延支付款项的 1‰向出让人缴纳违约金，延期付款超过 60 日，经出让人催缴后仍不能支付国有建设用地使用权出让价款的，出让人有权解除合同并可请求受让人赔偿损失。

合同签订后，受让人并未按照约定缴纳土地出让金，截至 2018 年 9 月 15 日，仅支付 800 万元（系竞买保证金用以冲抵的土地出让价款），后于 2018 年 9 月 27 日支付了 1000 万元，剩余 1800 万元至今仍未支付。

2020 年 1 月 13 日，出让人向受让人发出《土地出让金催缴通知书》，要求受让人收到通知后 30 日内付清剩余土地出让款及违约金，受让人仍未支付；2021 年 8 月 31 日，出让人向受让人发出《解除〈国有建设用地使用权出让合同〉通知书》，明确因其违约，决定解除双方签订的《国有建设用地使用权出让合同》。

由于土地出让金未缴清，项目土地并未实际交付。

（2）现状

2022 年 3 月，该新区自然资源和规划局委托律师向法院提起民事诉讼，要求法院确认双方签订的《国有建设用地使用权出让合同》解除，并由受让人支付截至 2021 年 8 月 31 日的逾期缴款违约金 1900 万元。

2022 年 5 月，受让人 X 公司向同一法院提起行政诉讼，要求判决继续履行《国有建设用地使用权出让合同》。由于合同双方对该合同性质发生争议，双方选择的诉讼程序产生冲突，法院以民事诉讼立案在先为由，于 2022 年 8 月裁定驳回了受让人的起诉，受让人 X 公司向 K 市中级人民法院提起上诉。2023 年 3 月，K 市中级人民法院以案涉《国有建设用地使用权出让合同》已作为民事合同进入诉讼程序、受让人 X 公司的行政诉讼不符合起诉条件为由裁定驳回上诉。

但就在笔者收到行政诉讼二审裁定书的同月，本案民事诉讼一审法院却做出了与行政诉讼裁定结果完全相反的裁定，认为案涉《国有建设用地使用权出让合同》系行政机关为实现公共利益或者行政管理目标，在法定职责范围内，与公民、法人或其他组织协商订立的具有行政法上权利义务内容的协议，属于行政协议，不属于民事诉讼受案范围，裁定驳回某新区自然资源和规划局的起诉。[1]

由此可见，即使在同一法院内部，行政审判庭法官与民事审判庭法官之间尚不能达成统一认识，对于《国有建设用地使用权出让合同》的性质仍然存在明显分歧，本文将结合相关理论研究及实务案例进行分析，探讨《国有建设用地使用权出让合同》性质，以及在受让人违约的情况下，行政机关如何有效维权，保护国有土地资源。

3. 选择民事诉讼的法律依据及相关案例

（1）法律依据

《民法典》第二编第十二章第 348 条，对建设用地使用权出让合同的具体条款做出了具体规定，如当事人的名称和住所、土地界址和面积、土地用途、

---

〔1〕 目前，本案民事诉讼部分（程序审）正在向 Y 市中级人民法院移送中。

出让金等费用及其支付方式等。这些具体条款与其他民事合同基本条款一致，说明建设用地使用权出让合同应属于调整物权关系的民事合同范畴。

《最高人民法院关于审理涉及国有土地使用权合同纠纷案件适用法律问题的解释》规定："为正确审理国有土地使用权合同纠纷案件，依法保护当事人的合法权益，根据《中华人民共和国民法典》《中华人民共和国土地管理法》《中华人民共和国城市房地产管理法》等法律规定，结合民事审判实践，制定本解释。一、土地使用权出让合同纠纷……"

《民事案件案由规定》（2020）规定，案涉争议的一级案由为"合同纠纷"，二级案由为"建设用地使用权合同纠纷"，三级案由为"建设用地使用权出让合同纠纷"，亦将建设用地使用权出让合同纠纷作为民事案由进行规定。

《城镇国有土地使用权出让和转让暂行条例》第8条规定："土地使用权出让是指国家以土地所有者的身份将土地使用权在一定年限内让与土地使用者，并由土地使用者向国家支付土地使用权出让金的行为。土地使用权出让应当签订出让合同。"第11条规定："土地使用权出让合同应当按照平等、自愿、有偿的原则，由市、县人民政府土地管理部门（以下简称出让方）与土地使用者签订。"其所遵循的平等、自愿、有偿系民事法律关系的基本特征。

（2）相关案例（见表1）

表1 最高人民法院民事诉讼相关案例

序号	案号	最高人民法院观点摘录
1	（2020）最高法行申13827号	本院认为，本案争议的焦点问题是本案是否属于行政诉讼受案范围，即案涉《国有建设用地使用权出让合同》是否属于行政协议。 《最高人民法院关于审理涉及国有土地使用权合同纠纷案件适用法律问题的解释》将国有土地使用权出让合同纠纷纳入民事诉讼受案范围。 《最高人民法院关于审理行政协议案件若干问题的规定》第2条仅将矿业权等国有自然资源使用权出让协议纳入行政协议范围，并未将国有土地使用权出让合同包含在内。 《民事案件案由规定》亦将建设用地使用权出让合同纠纷作

续表

序号	案号	最高人民法院观点摘录
2		为案由进行规定。故案涉《国有建设用地使用权出让合同》不属于行政协议，其应当适用《合同法》等民事法律规范予以调整。二审法院认定案涉《国有建设用地使用权出让合同》为行政协议错误，本院予以纠正。
2	（2020）最高法民终 897 号	本院认为，本案的争议焦点之一是案涉《国有建设用地使用权出让合同》的性质问题 关于案涉《国有建设用地使用权出让合同》的性质问题。2017 年 3 月 2 日呼和浩特市资源局与金盛公司签订案涉《国有建设用地使用权出让合同》，虽然该合同一方签订主体为呼和浩特市资源局，但金盛公司在签订过程中并不受单方行政行为的强制，双方在签订过程中主要遵循的是平等、自愿、有偿原则。同时，《物权法》第 138 条第 1 款规定，“采取招标、拍卖、协议等出让方式设立建设用地使用权的，当事人应当采取书面形式订立建设用地使用权出让合同”；《民事案件案由规定》亦在第四部分的合同纠纷中规定了建设用地使用权出让合同纠纷；而《最高人民法院关于审理行政协议案件若干问题的规定》并未明确将国有建设用地使用权出让合同纳入行政协议的范围。因此，根据上述法律和司法解释的规定，当事人认为案涉《国有建设用地使用权出让合同》属于民事合同，并据此主张权利，具有法律依据，本院予以支持。
3	（2020）最高法民申 4269 号	本院审查认为，福华公司的再审申请事由不能成立。具体理由评析如下： 关于案涉《国有建设用地使用权出让合同》是否为行政协议的问题。案涉地块系以挂牌方式出让，福华公司于 2017 年 10 月 25 日竞得该宗地的使用权，后双方当事人于 2017 年 11 月 9 日签订《国有建设用地使用权出让合同》。相关协议系双方当事人以平等主体关系挂牌、竞拍形成，协议内容是与土地使用权出让相关的民事权利和义务，不具有行政法上的权利义务内容，申请人主张该协议是行政协议、案件应按行政诉讼程序审理缺乏法律依据，相关申请理由不能成立。
4	（2020）最高法民申 3398 号	本院认为，本案再审审查围绕的主要争议焦点为：一是本案争议是否属于民事诉讼受案范围；二是案涉合同是否应当解除；三是原审法院是否存在未调查收集审理案件需要的主要证据的情形。 关于本案争议是否属于民事诉讼受案范围的问题。首先，

续表

序号	案号	最高人民法院观点摘录
		《民事案件案由规定》第四部分合同纠纷项下的建设用地使用权合同纠纷包括建设用地使用权出让合同纠纷，《最高人民法院关于审理涉及国有土地使用权合同纠纷案件适用法律问题的解释》将国有土地使用权出让合同定性为民事合同，该司法解释第1条规定，土地使用权出让合同是指市、县人民政府土地管理部门作为出让方将国有土地使用权在一定期限内让与受让方，受让方支付土地使用权出让金的协议。双方法律关系符合上述国有土地使用权出让合同纠纷特征，且现有法律法规并未明确对建设用地使用权出让合同纠纷作为民事诉讼案件审理作出否定性评判，故申请人关于本案争议不属于民事诉讼受案范围的主张缺乏法律依据，本院不予支持。
5	（2020）最高法民申1138号	本院经审查认为，根据马迭尔宾馆的再审请求和事由，本案审查重点之一为：本案能否作为民事案件审理 关于本案能否作为民事案件审理的问题。因国有土地使用权出让产生的纠纷，在修改后的《行政诉讼法》于2015年5月1日施行前，司法实践中一般均作为民事案件审理。即使在《行政诉讼法》修改后，2005年8月1日起施行的《最高人民法院关于审理涉及国有土地使用权合同纠纷案件适用法律问题的解释》依然有效，将国有土地使用权出让合同纠纷作为民事案件审理具有法律依据。此外，本院印发并于2001年1月1日起试行的《民事案件案由规定（试行）》明确规定了“土地使用权出让合同纠纷”案由，2008年4月1日起施行的《民事案件案由规定》也明确规定了“建设用地使用权出让合同纠纷”案由，2011年《民事案件案由规定》修改时对该案由予以保留。本案国有土地使用权出让合同关系成立于1994年，无论是按照合同成立时的法律规定和司法实践，还是按照现行有效的司法解释和操作规范，原审法院将本案纠纷作为民事案件受理，并无不当。 《合同法》第36条规定：“法律、行政法规规定或者当事人约定采用书面形式订立合同，当事人未采用书面形式但一方已经履行主要义务，对方接受的，该合同成立。”本案中，市规划局和马迭尔宾馆虽最初于1994年3月11日以政府主管部门批复形式确定双方权利义务，并未签订书面的、规范的国有土地使用权出让合同，但市规划局已经履行了其主要义务，即同意出让案涉土地并将之登记在马迭尔宾馆名下，马迭尔宾馆亦因接受出让土地向市规划局交付了部分土地出让金并将该地块实际

续表

序号	案号	最高人民法院观点摘录
		投入使用，本案当事人双方之间国有土地使用权出让合同关系已经依法成立。其后，双方于2001年11月9日签订《欠款合同书》，明确了还款日期、交付金额及违约责任。马迭尔宾馆在2005年报送给政府主管部门《关于分批缴纳所欠土地出让金的请示》中承诺三年内还清土地出让金，在2005年和2008年分别向哈尔滨市政府及有关部门申请调整案涉土地出让价格，之后直至2015年12月向其上级主管单位申请协调减免欠缴的土地出让金等本案诉讼前的一系列履行行为，也进一步确认了这一合同关系的存在。原审法院依据《合同法》和《最高人民法院关于审理涉及国有土地使用权合同纠纷案件适用法律问题的解释》进行审理，亦无不当。
6	(2019) 最高法民终1376号	本院认为，土地使用权出让合同是民事合同。理由如下： 第一，土地使用权出让是国家作为土地所有权人将土地使用权在一定年限内出让给受让人，从而创设土地使用权物权的一种民事行为。建设用地使用权作为法定的用益物权，已在《物权法》中予以明确列举。土地行政管理部门在土地使用权出让合同法律关系中，只是代表国家对土地所有权进行处分，并不是以土地管理者的身份出现。 第二，国家在以土地所有权人身份从事土地使用权出让行为时，其法律地位是特殊的民事主体，与土地使用权受让人的法律地位完全平等，土地使用权出让合同的订立遵循的是平等、自愿、有偿的原则，合同内容是当事人真实内心意愿的表达。 第三，《民事案件案由规定》已明确将“建设用地使用权出让合同纠纷”列为民事案由。一审法院认为涉案合同是行政合同、本案不属于人民法院民事诉讼受理的范围，是适用法律错误，本院予以纠正。
7	(2019) 最高法民终1197号	本院认为，本案二审当事人争议的焦点问题之一是案涉争议能否通过民事诉讼程序解决 关于案涉争议能否通过民事诉讼程序解决的问题。本案是旺业公司与赣州市自然资源局因《成交确认书》签订之后的履行行为引发的民事纠纷，属于民事诉讼的受案范围。 首先，赣州市自然资源局既是受托对国有土地进行管理的行政主管机关，也是依法具有民事权利能力和行为能力的民事主体。赣州市自然资源局虽在拍卖成交阶段行使了相应的行政管理职权，但其委托赣州市土地交易管理中心与旺业公司签订

续表

序号	案号	最高人民法院观点摘录
		《成交确认书》的行为属于平等主体之间意思自治的民事法律行为，符合自愿平等、等价有偿的原则，双方之间不存在管理与被管理的关系。 其次，本案为建设用地使用权出让合同纠纷，非拍卖合同纠纷。拍卖是指以公开竞价的形式，将特定物品或者财产权利转让给最高应价者的买卖方式，是建立买卖合同关系的一种手段或方式。旺业公司通过公开竞价的方式竞得签订案涉建设用地使用权出让合同的资格，并与赣州市土地交易管理中心签订《成交确认书》，双方在拍卖过程中并没有产生争议，拍卖成交阶段已经终结。旺业公司与赣州市自然资源局争议的是《成交确认书》签订后如何履行双方约定的后续权利义务问题，并不涉及拍卖成交的效力问题。从拍卖公告、拍卖须知、《成交确认书》等文件可见，关于出让案涉土地使用权问题的主要合同条款双方已经协商并达成一致。根据《最高人民法院关于审理涉及国有土地使用权合同纠纷案件适用法律问题的解释》的相关规定，涉及国有土地使用权合同纠纷案件属于民事案件受理范围。 最后，《最高人民法院行政审判庭关于拍卖出让国有建设用地使用权的土地行政主管部门与竞得人签署成交确认书行为的性质问题请示的答复》（〔2010〕行他字第191号）关于“土地行政主管部门通过拍卖出让国有建设用地使用权，与竞得人签署成交确认书的行为，属于具体行政行为”的意见，系从行政法角度作出的认定，并不排斥双方之间存在的民事法律关系。旺业公司选择民事诉讼程序来解决案涉纠纷系当事人依法行使程序权利的结果。一审法院依据《最高人民法院关于审理涉及国有土地使用权合同纠纷案件适用法律问题的解释》及《民事案件案由规定》的有关规定认定本案案由为建设用地使用权出让合同纠纷并作出判决，并无不当。赣州市自然资源局关于本案案由错误及本案应纳入行政诉讼受案范围的主张，依据不足，本院不予支持。
8	（2019）最高法民申6153号	本院经审查认为，本案应当审查的主要问题为：原审法院将本案作为民事案件受理是否正确；原审法院判决驳回金安区政府要求赔偿征地费用利息损失的诉讼请求及深圳宏基公司要求赔偿直接经济损失的反诉请求是否正确。 关于原审法院将本案作为民事案件受理是否正确的问题。《民事诉讼法》第3条规定：“人民法院受理公民之间、法人之

续表

序号	案号	最高人民法院观点摘录
		间、其他组织之间以及他们相互之间因财产关系和人身关系提起的民事诉讼，适用本法的规定。”本院认为，人民法院受理的民事案件应当是平等主体之间的民事权益纠纷。本案中，金安区政府与深圳宏基公司于2014年5月22日签订《投资协议书》和《补充协议书》，其中，《投资协议书》载明：“经双方友好协商，本着平等、互利、自愿、共赢的原则签订以下协议。”《投资协议书》《补充协议书》均约定了双方为建造六安国际商贸物流城，由金安区政府负责供地，深圳宏基公司负责投资建设，并通过招拍挂方式取得案涉土地，深圳宏基公司通过投资获得相应的投资收益等内容，前述两份协议还约定了案涉土地出让价格、付款方式及违约责任等内容。因此，《投资协议书》《补充协议书》具备民事合同的基本要素。2015年8月26日至9月8日，六安市国土资源局对本案项目地块进行公开招拍挂，深圳宏基公司和六安宏基公司因未缴纳挂牌土地保证金，导致本次挂牌流拍。深圳宏基公司、六安宏基公司在案涉土地使用权出让过程中，未缴纳挂牌土地保证金系引发本案的纠纷的根本原因。《民事案件案由规定》将“建设用地使用权出让合同纠纷”纳入民事案件案由，因此，根据《民事案件案由规定》《最高人民法院关于审理涉及国有土地使用权合同纠纷案件适用法律问题的解释》精神，一、二审法院将本案定性为建设用地使用权出让合同纠纷，作为民事案件受理并无不当。深圳宏基公司关于本案属于人民法院行政诉讼的受案范围及按照行政诉讼审查《投资协议书》《补充协议书》效力的再审申请理由不能成立。
9	（2018）最高法民申3890号	国有土地使用权出让合同究竟属于民事合同还是行政协议，该类合同纠纷应纳入民事诉讼受案范围还是行政诉讼受案范围，一直存有争议。《民事案件案由规定》中包括国有土地使用权纠纷，《最高人民法院关于审理涉及国有土地使用权合同纠纷案件适用法律问题的解释》为有效解释，因此将该类合同纠纷纳入民事诉讼受案范围并无不妥；但《行政诉讼法》第12条明确将“行政机关不依法履行、未按照约定履行或者违法变更、解除政府特许经营协议、土地房屋征收补偿协议等协议”等纳入行政诉讼受案范围，使该类合同的性质之争又凸显出来。其实，民事合同与行政协议有众多共同点，如当事人都应诚实信用，平等自愿，合同一经签订，当事人必须严格遵守。但民事合同与

续表

序号	案号	最高人民法院观点摘录
		行政协议又有重大区别，民事主体签订合同是为了自身利益，而行政机关签订协议是为了实现公共利益或者行政管理目标，且在由于公共利益需要或者法律政策的调整行政协议履行不可能或需要变更等客观情况出现时，行政主体可行使一定的行政优益权，而民事合同主体地位平等，任何一方不享有优益权。具体到本案，《国有建设用地使用权出让合同》系汤阴县国土局与易祥公司协商一致后签订，但汤阴县国土局系行政机关，其将案涉土地转让给易祥公司系代表国家履行国土部门行政职责之行为，出让目的是实现案涉土地建设及相关配套设施建设，符合公共利益目标。故《国有建设用地使用权出让合同》具有行政法上权利义务内容，符合行政协议之特征。本案中，易祥公司提出的诉讼请求是要求汤阴县国土局交付符合《国有建设用地使用权出让合同》约定条件的土地，该请求并不涉及行政优益权问题。因此，根据原审审理时尚在实施的《最高人民法院关于适用〈中华人民共和国行政诉讼法〉若干问题的解释》（法释〔2015〕9号）第14条“人民法院审查行政机关是否依法履行、按照约定履行协议或者单方变更、解除协议是否合法，在适用行政法律规范的同时，可以适用不违反行政法和行政诉讼法强制性规定的民事法律规范”之规定，即便《国有建设用地使用权出让合同》定性为行政协议，本案仍可适用《合同法》等民事法律规范予以调整。汤阴县国土局再审申请虽提出《国有建设用地使用权出让合同》的性质问题，但对于实体处理结果并未提出异议，因此本案不存在再审情形。
10	（2017）最高法民再179号	本院再审认为，《物权法》第138条规定，“采取招标、拍卖、协议等出让方式设立建设用地使用权的，当事人应当采取书面形式订立建设用地使用权出让合同”，故在本案所涉《国有土地使用权出让合同》中，福清国土局代表国家以土地所有权人的身份与土地使用人胜田公司订立合同，是以民事主体的身份与其他民事主体从事交易行为，他们之间发生的法律关系属于平等主体之间的民事关系。双方因该合同产生的纠纷属于民事合同纠纷。原审法院以本案不属于民事案件受理范围而驳回福清国土局的起诉，属于适用法律错误，本院应予纠正。至于福清国土局以胜田公司在使用涉案土地时存在超容积率的违约行为，请求根据《福建省人民政府办公厅转发省建设厅省国土资源厅关于加强房地产开发项目容积率管理意见的通知》规定的标准判令胜田公司补缴土地出让金的诉讼请求是否能够成立，法院应该在实体审理中按照合同约定的有关条款及《合同法》的相关法律原则进行处理。

4. 受让人（X 公司）提起行政诉讼的理由及相关案例

（1）理由

《行政诉讼法》第 12 条规定："人民法院受理公民、法人或者其他组织提起的下列诉讼：……（十一）认为行政机关不依法履行、未按照约定履行或者违法变更、解除政府特许经营协议、土地房屋征收补偿协议等协议的……"

《最高人民法院关于审理行政协议案件若干问题的规定》（法释〔2019〕17 号）第 2 条规定："公民、法人或者其他组织就下列行政协议提起行政诉讼的，人民法院应当依法受理：……（三）矿业权等国有自然资源使用权出让协议……"

（2）相关案例（见表 2）

表 2 最高人民法院行政诉讼相关案例

序号	案号	最高人民法院观点摘录
1	（2020）最高法行申 11753 号	争议焦点：国有土地使用权出让合同纠纷到底属于行政诉讼还是民事诉讼？ 裁判意见：最高人民法院认为，首先，本案是否属于行政诉讼的受案范围问题。依据《城市房地产管理法》《城镇国有土地使用权出让和转让暂行条例》等规定，国有土地使用权出让合同属于行政协议。从签订主体看，签订国有土地使用权出让合同的一方是土地管理部门，系行政主体；从目的要素看，此类协议是为了实现公共利益或者国家对有限的土地资源合理、有效利用的管理目标；从双方权利义务关系看，此类协议与行政机关履行行政职责或者完成行政管理任务密切相关，行政机关在协议的签订和履行中享有基于社会公共利益或者法定事由单方收回土地等权利。原审法院认定，鸿亿公司与葫芦岛市自然资源局于 2011 年 7 月签订的编号为 2011－50《国有建设用地使用权出让合同》（以下简称案涉合同）是行政协议，属于行政诉讼的受案范围，符合法律规定。

5. 将本案的建设用地使用权出让合同认定为民事合同的必要性

（1）本案的出让合同不符合行政协议定性标准，具有明显的民事合同特征

首先，行政协议目的是实现行政管理或者公共服务，具有明显的行政性，

行政机关在协议中具有行政优益性。本案中，某新区自然资源和规划局与X公司之间的出让合同体现的是双方的意思自治，并不受单方行政行为的强制，也不涉及行政优益权。双方签订的出让合同范本源于原国土资源部、原国家工商行政管理总局发布的《国有建设用地使用权出让合同》示范文本（国土资发〔2008〕86号），具体合同内容均由出让合同双方自由协商确定，比如土地的出让价款、土地交付的方式和时间、违约责任的承担、争议的解决等。所以，该出让合同确立的更多是民事权利义务关系。

其次，从《行政诉讼法》明确列举的政府特许经营许可协议、土地房屋征收补偿协议来看，其本质上是行政机关行使其行政许可权、土地征收权等行政职权的一种方式。在这些协议当中，合同双方之间并不是平等的主体，而且双方在交易过程中不存在讨价还价的余地。而本案的受让人通过招拍挂的市场行为取得项目土地，其本质上属于一种市场交易行为，其实质是国家让渡土地使用权、使用者缴纳出让金，双方地位平等，互相享有权利、承担义务，出现违约行为的，双方当事人均有权解除合同，并请求违约赔偿，这是典型的民事合同特点。

（2）本案的某新区自然资源和规划局无法通过行政诉讼请求法律救济

依据《行政诉讼法》第2条第1款“公民、法人或者其他组织认为行政机关和行政机关工作人员的行政行为侵犯其合法权益，有权依照本法向人民法院提起诉讼”的规定，行政诉讼的基本原则是“民告官”，只有作为行政相对人的公民、法人、组织才可以作为行政诉讼的原告启动行政诉讼程序，而行政机关只能被动防御。在本案中，行政机关是原告而非被告，《行政诉讼法》的规定与本案的情况不匹配，在受让人不按照合同约定支付违约金的前提下，行政机关也应当拥有通过诉讼途径追讨相应的违约金的权利，在行政机关为原告的情况下，只有将出让合同认定为民事合同才能平等保护双方当事人的权益。

（3）适用民事诉讼审理此案没有禁止规定，不违反法律和司法解释，且更有利于平等保护双方当事人的合法权益

首先，现有法律法规及司法解释中，对按照民事诉讼程序审理国有建设

用地使用权出让合同纠纷并没有禁止性规定。相反，有关国有建设用地使用权出让合同的规定中充分体现了民事合同的平等、自愿、有偿基本原则（《城镇国有土地使用权出让和转让暂行条例》）。

其次，本案的争议是由受让人 X 公司未按照合同约定按时缴纳土地出让金引发的，争议本身并不涉及行政行为，不适合通过行政诉讼解决，而将国有建设用地使用权出让合同认定为民事合同，将国有建设用地使用权出让合同纠纷纳入民事诉讼受案范围则有助于更好地化解纠纷。

最后，将本案出让合同定性为民事合同也有利于保障受让人 X 公司的合法权益，若将出让合同认定为行政协议，行政机关基于行政优益权，可单方变更、解除合同，而民事合同强调双方平等、合意，可以充分保障受让人土地使用权的稳定性和合同的效力。

6. 将本案出让合同定性为民事合同后，某新区自然资源和规划局应如何解除合同并追究 X 公司违约责任

（1）解除出让合同的理由

如前文所述，本案的出让合同性质上属于民事合同，因此，应当按照《民法典》第 562 条（约定解除）、第 563 条（法定解除）的规定处理。

根据《城市房地产管理法》第 16 条规定，土地使用者必须按照出让合同约定，支付土地使用权出让金；未按照出让合同约定支付土地使用权出让金的，土地管理部门有权解除合同，并可以请求违约赔偿。在本案出让合同中，明确约定如受让人延期付款超过 60 日，经出让人催缴后仍不能支付国有建设用地使用权出让价款的，出让人有权解除合同并可请求受让人赔偿损失。受让人未按时、足额支付土地使用权出让金，导致合同目的无法实现，此时，出让人有权依据法律规定及合同约定解除合同，并可请求违约赔偿。

（2）出让人主张违约金的依据

本案中，出让人的诉求除确认合同解除外，还要求由受让人支付截至 2021 年 8 月 31 日的逾期缴款违约金 1900 万元。其事实依据的是合同中规定，自滞纳之日起，每日按迟延支付款项的 1‰向出让人缴纳违约金。法律依据为《国务院办公厅关于规范国有土地使用权出让收支管理的通知》规定的“土地

出让合同、征地协议等应约定对土地使用者不按时足额缴纳土地出让收入的，按日加收违约金额1‰的违约金。违约金随同土地出让收入一并缴入地方国库”。

三、结束语

我国《宪法》明确规定土地属于国家和集体所有，国有土地作为重要的自然资源，国家为实现对其合法的有效利用，需要进行合理规划、监督和管理，但也因此导致行政机关在国有土地出让合同中扮演了双重角色，既是土地出让合同一方当事人，同时又是土地监督管理部门，这种双重身份导致对建设用地使用权出让合同的性质认定出现争议。

结合笔者分享的这一案例不难看出，不同的性质认定导致双方当事人权利救济途径选择不同。笔者认为在建设用地使用权出让合同的签订和履行中，双方处于平等的法律地位，合同中约定的具体的权利义务条款体现更多的也是民事法律关系，它不符合行政协议的定性标准，应该被定性为民事合同。将出让合同认定为民事合同不仅符合现有法律原则和精神，也有利于实现对财产及双方当事人的平等保护。

四、思考题

1. 国有建设用地使用权出让合同主体资格对合同效力有何影响？本案例中的某新区自然资源和规划局是否具有出让主体资质？如某新区自然资源和规划局资质存在问题，对合同效力有何影响？

补充说明：根据《最高人民法院关于审理涉及国有土地使用权合同纠纷案件适用法律问题的解释》第1条和《城镇国有土地使用权出让和转让暂行条例》第11条规定，国有建设用地使用权出让合同的出让方为市、县人民政府自然资源主管部门。

2. 合同约定出让人有权在延期付款超过60日解除合同，但本案出让人未及时主张合同解除（自付款期限届满后长达两年才主张解除），是否存在被法院认定为故意放任损失扩大的可能性？又应如何计算违约天数？

补充说明：本案受让人X公司属于港澳台法人独资成立的有限责任公司，成立于2018年8月1日，2018年8月16日通过公开挂牌交易方式取得案涉土地，合同约定的付款期限为2018年9月15日。但截至2018年9月15日，仅支付800万元（系竞买保证金用以冲抵的土地出让价款），后于2018年9月27日支付了1000万元，剩余1800万元至今仍未支付。

2020年1月13日，出让人向受让人发出《土地出让金催缴通知书》；2021年8月31日，出让人向受让人发出《解除〈国有建设用地使用权出让合同〉通知书》。

案例学习说明

一、学习准备

本案例适用于《土地管理法》《行政诉讼法》《合同法》等法学类课程，课前请学习相关部门法知识，对国有土地出让、合同违约的认定有基本了解。

二、适用对象

案例适用对象包含高年级法学本科生及法学硕士研究生、法律硕士研究生。

三、学习目标

1. 覆盖的知识点

（1）国有建设用地使用权出让合同的法律性质；

（2）国有建设用地使用权出让合同的效力认定；

（3）国有建设用地使用权出让合同的解除；

（4）国家收回国有建设用地使用权的处理方式。

2. 课程学习的重点问题

（1）从具体案例出发，结合本案例分析中提供的大量最高人民法院真实判例，学习分析民事合同及行政协议的区别；

（2）学习站在政府、土地出让者、土地受让者不同角度看问题，分析不同程序选择背后的行为逻辑；

(3) 结合本案例，引导学生对现有国有土地管理和出让中存在的问题进行思考，鼓励学生提出相应的分析意见及解决方案。

四、要点分析

1. 理论依据

引导学生结合案例中出现的问题及提供的思考题，探讨国有土地出让合同性质的不同理论依据。

(1) 民事合同学说代表观点

王利明，《合同法》，基本观点："国家在签订国有建设用地使用权出让合同时，是以土地的所有者的身份与土地使用者签订合同的。在这种情况下，双方的法律地位是相等的，所以国有建设用地使用权出让合同是民事合同。"

房绍坤、张洪波，《物权法案例教程》，基本观点："首先，我国民事活动的基本原则之一是平等、自愿、有偿。国家土地管理部门一身两职，但是出让合同中他是代表国家以国有土地所有者的身份出现的。其次，从我国建设用地使用权出让的方式来看，不管是协议出让还是通过招标、拍卖、挂牌的方式出让，都在一定程度上反映出国有建设用地使用权出让合同中出让方的身份的民事主体身份。"

崔建远，《行政合同族的边界及其确定根据》，基本观点："国家作为行政机关，并非永远处于行政法律关系当中，其也可以充任包括民事主体在内的其他角色。判断国有建设用地使用权出让合同是否为实现对土地的行政管理、是否为了实现社会公共利益，不应拿这些占比重比较小的行政因素来作为判定标准，要抓住合同的主要方面来进行判断。"

(2) 行政合同说代表观点

陈国栋，《行政合同行政性新论——兼与崔建远教授商榷》，基本观点："资源的公共性是国有建设用地使用权出让合同等合同行政性的根本源头，也正是资源的公共性这一特殊特征决定了这些合同应该受到公法调整，而不是受到私法规范。"

韩宁，《行政协议判断标准之重构——以"行政法上权利义务"为核心》，基本观点："在国有自然资源使用权出让合同中存在部分权利义务内容具备行政的特质，还有一些表面上看似是民事合同权利义务的内容，实际上具有质变成行政权的可能。"

（3）双阶理论学说代表观点

陈鑫范、吴明熠，《土地使用权出让合同的混合属性解析及其司法救济适用——基于双阶理论的思考与修正》，基本观点："将出让合同的形成过程具体细分为土地出让的决定许可阶段以及合同的签订履行两个阶段。其中第一个阶段，国有建设用地使用权出让的行政许可，具有明显的公法特征，因而此阶段发生的争议，土地受让方完全可以通过公法救济的方式去主张自己的诉求。第二个阶段，出让合同的签订履行阶段，该阶段出让合同中的非行政性因素占据很大的比重，理应受到私法相关规则的规范。"

2. 合同效力及解除

经过上文案例及理论的介绍，对国有建设用地使用权合同性质具有清晰认知后，在这一部分，将针对合同效力及解除做进一步分析。

（1）出让主体资格问题

思考题中提到只有市、县人民政府自然资源主管部门具有代表国家以土地所有者的身份与土地受让方订立国有建设用地使用权出让合同的权利。在这一案例中，该新区虽然为国家级新区，但与法条中有关出让主体资格的要求不完全一致，其签订的合同效力应当如何认定？

《最高人民法院关于审理涉及国有土地使用权合同纠纷案件适用法律问题的解释》第 2 条第 2 款规定，"本解释实施前，开发区管理委员会作为出让方与受让方订立的土地使用权出让合同，起诉前经市、县人民政府自然资源主管部门追认的，可以认定合同有效"。

《最高人民法院关于当前形势下进一步做好房地产纠纷案件审判工作的指导意见》中指出，"尽可能维持土地使用权出让合同效力，依法保护守约方的合法权益，促进土地使用权出让市场的平稳发展"。

（2）合同解除的处理原则

《民法典》第 562 条 【合同的约定解除】当事人协商一致，可以解除合同。

当事人可以约定一方解除合同的事由。解除合同的事由发生时，解除权人可以解除合同。

《民法典》第563条 【合同的法定解除】有下列情形之一的，当事人可以解除合同：（一）因不可抗力致使不能实现合同目的；（二）在履行期限届满前，当事人一方明确表示或者以自己的行为表明不履行主要债务；（三）当事人一方迟延履行主要债务，经催告后在合理期限内仍未履行；（四）当事人一方迟延履行债务或者有其他违约行为致使不能实现合同目的；（五）法律规定的其他情形。

以持续履行的债务为内容的不定期合同，当事人可以随时解除合同，但是应当在合理期限之前通知对方。

五、学习安排

案例学习拟2个学时，内容分为三个阶段：

第一阶段——结合教学目标及课程对象，请学生提前学习相应部门法知识，完成案例阅读，对思考题进行预先分析并自行准备相应答案。

第二阶段——思考题解析

1. 由授课教师对案例进行简单介绍，并对教学说明中提到的具体理论做阐释。

2. 分组讨论，每组原则上不超过5人，讨论过程中形成本组对于出让合同性质认定的观点及相应的观点支撑依据。

3. 每组选派代表进行发言，需要清晰展示观点、依据及方案等。

4. 设定观点辩论环节加深学生对该知识点的理解。

5. 授课教师针对讨论情况，进行分析归纳总结。

第三阶段——建议学生针对案例讨论情况，整理书面报告提交，书面报告需提供相应分析结论、解决思路，并有针对性地进行案例检索，以提高理论联系实际的能力。

倾斜保护原则：工资薪酬纠纷中仲裁时效的适用

张　瑾*

案例摘要：本案系工资薪酬纠纷中仲裁时效的适用案件。仲裁时效既与当事人的实体权利密切相关，又与当事人通过相应的程序救济其权益密不可分。获取劳动报酬权是劳动权益中最基本、最重要的权益，由于劳动者在劳动关系存续期间的弱势地位，法律对于拖欠劳动报酬规定了特殊仲裁时效，这对有效保护劳动者权益具有重要意义。本案再审法院认定，二审法院单纯以劳动者提出辞职的时间认定为双方劳动关系终止的时间缺乏充分法律依据。在提成工资支付期限未届至的情况下，提成工资作为劳动报酬的组成部分，应以支付期限届至开始起算仲裁时效期间。因此，劳动者虽对其提成工资事宜未及时提出仲裁申请，但基于劳动者在一年内又重新入职的特殊性，再审法院依法支持了劳动者工资薪酬的诉讼请求。本案既维护了劳动者合法权益，又对用人单位诚信协商，对依法保护劳动者劳动报酬权有良好的引导作用，有助于构建和谐稳定的劳动关系。

关键词：劳动报酬　仲裁时效　适用

一、引言

《劳动争议调解仲裁法》是一部规范劳动争议调解、仲裁活动，保护劳动

---

* 张瑾，法学硕士，西南林业大学文法学院副教授，硕士研究生导师。云南省法学会生态法学研究会理事。主要研究方向：刑法学、劳动法学、生态法学等。

关系合法权益的重要法律。该法将仲裁时效期间确定为1年，并规定了时效期间的起算、中断与中止以及某些例外情况，形成了较为完整的仲裁时效制度体系。根据现行的劳动争议处理体制，劳动仲裁是诉讼的前置程序。未经劳动仲裁，当事人不能直接向人民法院提起诉讼，人民法院也不会受理，除非仲裁机构未在法定期限内作出裁决。劳动仲裁时效制度至关重要，是劳动争议仲裁制度中重要一环。

“法律不保护躺在权利上睡觉的人”。对于劳动纠纷中案发率最高、数量最多的工资薪酬案件，劳动仲裁时效的认定与适用尤为重要，它能督促劳动争议当事人在发生劳动争议后及时行使仲裁申请权，进而启动劳动争议仲裁程序，有利于提高劳动争议当事人权利的行使效率，促使双方纠纷得到及时解决及合法劳动权益得到有效保护。

二、案例概况

（一）案件索引

山东省乳山市人民法院民事判决书，（2019）鲁1083民初4169号；

山东省威海市中级人民法院民事判决书，（2020）鲁10民终3087号；

山东省高级人民法院民事判决书，（2021）鲁民再423号。

（二）基本案情

原告于某诉称：原告于2014年2月17日到被告山东力牌某有限公司（以下简称力牌公司）从事销售工作，双方签订了书面劳动合同，约定月工资4000元，并按年度销售考核标准每月发放绩效工资和销售提成工资。2015年8月，原告离开被告单位。2016年12月，被告再次聘请原告回单位从事销售工作，原告于2017年5月3日再次离开被告单位。原告在工作期间，被告欠发原告工资、绩效工资及提成工资，故原告要求被告支付2017年4月工资4000元及5月3天的工资、2017年4月绩效工资8000元、提成工资16,259元及2015年第一季度提成工资9081元、第二季度提成工资26,338元。

被告力牌公司辩称：原告主张的绩效工资及提成工资已超过诉讼时效，

请求驳回原告的诉讼请求。

经审理查明：2014 年 2 月 17 日，原告于某到被告力牌公司从事业务员工作，并担任销售二部经理，双方签订了书面劳动合同，合同期限自 2014 年 2 月 17 日至 2015 年 2 月 16 日。2015 年 8 月 11 日，于某因本人不适合担任公司的工作，提交了书面辞职书并离开力牌公司。2016 年 12 月 13 日，于某重新到力牌公司工作，仍任销售二部经理，双方签订了书面劳动合同，合同期限为 2016 年 12 月 13 日至 2017 年 12 月 12 日，约定月工资标准为 4000 元。2017 年 5 月 3 日，于某因身体原因提出辞职，并离开力牌公司。于某在力牌公司工作期间，力牌公司欠发于某 2017 年 4 月及 5 月 1 日至 3 日工资。力牌公司主张，于某 2017 年 4 月共出勤 12 天，于某主张除在公司上班 12 天，还出差 14 天，于某同时提出 2017 年 3 月完成客户向单位汇款 3, 871, 406. 56 元，已超额完成公司任务，按公司 2017 年业务员销售政策，力牌公司应在 2017 年 4 月支付于某正常工资 4000 元、绩效工资 8000 元、提成工资 16, 259 元。于某另主张，力牌公司还欠发于某 2015 年第一季度年终兑现提成工资 9081 元、第二季度年终兑现提成工资 26, 338 元。力牌公司主张，于某所主张的提成工资、绩效工资已超过诉讼时效，且于某未完成年度计划任务，不应享受绩效及提成工资。

另查明，于某于 2018 年 5 月 4 日向乳山市劳动争议仲裁委员会提出仲裁申请，该仲裁委员会于 2018 年 6 月 14 日作出乳劳人仲案字（2018）第 271 号仲裁裁决，并于 8 月 13 日将该仲裁裁决送达于某。

（三）诉讼争点

1. 于某要求力牌公司支付 2015 年第一、第二季度提成工资的诉请是否超过仲裁时效及应否支持？

2. 于某要求支付 2017 年 4 月及 5 月 1 日至 3 日工资、绩效工资、提成工资，应否支持？

(四) 裁判理由及结果

1. 一审裁判理由及结果

山东省乳山市人民法院一审认为，关于于某要求力牌公司支付2015年第一、第二季度提成工资的诉请是否超过仲裁时效及应否支持的问题。于某于2014年2月17日到力牌公司工作，2015年8月11日辞职，2016年12月13日重新回到力牌公司工作，2017年5月3日重新辞职。于某主张的2015年第一、第二季度提成工资为留年终兑现提成部分，其支付时间在本年年终，即2015年12月31日前支付，而于某于2016年12月13日重新回力牌公司工作，2017年5月3日离开力牌公司，于2018年5月4日提起仲裁申请，故于某的诉请未超过仲裁时效。而且绩效工资、提成工资均系工资总额的组成部分，不适用《劳动争议调解仲裁法》第27条有关仲裁时效期间的限制。通过于某提交的由力牌公司制作的2015年第一、第二季度《营销二部提成汇总表》，结合证人徐某的证言，对该两份提成汇总表予以采信。该两份提成汇总表显示，于某2015年第一季度留年终兑现提成9081元，2015年第二季度留年终兑现提成26,338元。故于某要求力牌公司支付2015年第一季度提成工资9081元、2015年第二季度提成工资26,338元的诉请理由正当，予以支持。

关于于某要求支付2017年4月及5月1日至3日工资、绩效工资、提成工资应否支持的问题。于某系力牌公司销售人员，除在力牌公司上班外，主要是到各地进行销售。2017年3月，于某在力牌公司上班12天，根据于某提交的由其单位法定代表人签名的《出差工作计划表》可以认定本月于某还在外地出差12天，因力牌公司4月支付的是3月的工资，故于某要求力牌公司支付4月工资4000元及2017年5月1日至3日工资551.72元（4000元÷21.75天×3天）的诉请理由正当，予以支持。但双方庭审中均认可的冲锋衣、公文包、电话费共1225.6元应扣除。根据于某提交的由力牌公司制作的2017年《销售人员政策》规定，力牌公司应当支付于某2017年4月绩效工资8000元及销售提成16,259元（3,871,406.56元×0.7%×60%）。

山东省乳山市人民法院于2020年8月3日作出（2019）鲁1083民初

4169 号民事判决：（1）力牌公司支付于某 2017 年 4 月及 5 月 1 日至 3 日工资 3326.12 元、绩效工资 8000 元及销售提成工资 16,259 元；（2）力牌公司支付于某 2015 年第一、第二季度销售提成工资 35,419 元。共计 63,004.12 元，限力牌公司于判决生效后 10 日内付清。

2. 二审裁判理由及结果

宣判后，力牌公司不服一审判决，向山东省威海市中级人民法院上诉，请求撤销一审判决（仅认可应支付于某 2017 年 4 月 12 天的工资），驳回于某一审的诉讼请求。

山东省威海市中级人民法院二审认为，《劳动争议调解仲裁法》第 27 条规定，“劳动争议申请仲裁的时效期间为一年。仲裁时效期间从当事人知道或者应当知道其权利被侵害之日起计算……劳动关系存续期间因拖欠劳动报酬发生争议的，劳动者申请仲裁不受本条第一款规定的仲裁时效期间的限制；但是，劳动关系终止的，应当自劳动关系终止之日起一年内提出”。也就是说，劳动争议案件与其他民事案件相比，具有一定的特殊性。由于劳动关系的动态多变，需要劳动关系当事人在发生争议的情况下，尽快主张权利。因此，在劳动争议诉讼中适用《劳动争议调解仲裁法》规定的一年仲裁时效更有利于维护劳动者的合法权益。劳动者通过付出劳动获得的劳动报酬，是其维持本人及其家庭生存发展的基本条件，必须加以特殊的司法保护。因此劳动者在劳动关系存续期间向用人单位追索工资等劳动报酬引起的争议，不适用仲裁时效的规定，但是，劳动关系终止的，应当自劳动关系终止之日起一年内提出。在本案中，于某于 2015 年 8 月 11 日提出辞职，双方终止了劳动关系，此时若力牌公司欠其 2015 年提成工资，于某应在法律规定的期间内主张自己的权利，即使其主张的提成工资应在年终即 2015 年 12 月 31 日前支付，而其于 2018 年 5 月 4 日才提起仲裁请求，已超过一年的仲裁时效，且力牌公司对此也提出抗辩。故，即使力牌公司欠其 2015 年提成工资，亦不予支持。虽于某于 2016 年 12 月 13 日又重新回到力牌公司，但其劳动关系期间应重新予以计算，并不能改变双方的劳动关系已于 2015 年 8 月 11 日终止的事实。一审认定于某的诉请未超过诉讼时效，且绩效工资、提成工资均系工资总额的组成部分，不适用上述仲裁法第 27 条有关仲裁时效期间限制不妥，二审予以纠正。

另外，力牌公司作为用人单位有对劳动者进行管理考核的职责，其认可于某 2017 年 4 月上班 12 天，同时根据于某提交的王某签名的《出差工作计划表》可以认定于某还在外地出差 12 天。力牌公司主张于某请事假 13 天，但未能提交于某的请假条，对其提交的考勤记录于某亦不予认可，且力牌公司也没有证据佐证其认可的 12 天即于某出差的 12 天。故，一审认定于某 2017 年 4 月工资为 4000 元及 5 月 1 日至 3 日工资为 551. 72 元并无不当，二审予以维持。于某提交的力牌公司 2017 年《销售人员政策》虽为复印件，但该文件加盖的印章、所规定的类别等与力牌公司提供的 2017 年《销售人员政策》相同或基本一致，结合证人徐某、董某等人的证言，且力牌公司亦认可 2017 年和 2015 年的销售政策基本一致，故对于某提交的 2017 年《销售人员政策》的真实性予以认可。据此，一审法院按照力牌公司认可的月销货总额 3, 871, 406. 56 元，认定于某 2017 年 4 月的绩效工资为 8000 元、销售提成为 16, 259 元并无不当，二审亦予以维持。

山东省威海市中级人民法院认为，力牌公司的上诉请求部分成立。依照《民事诉讼法》第 170 条第 1 款第 2 项规定，作出（2020）鲁 10 民终 3087 号二审判决：（1）维持乳山市人民法院（2019）鲁 1083 民初 4169 号民事判决第一项，即力牌公司支付于某 2017 年 4 月及 5 月 1 日至 3 日工资 3326. 12 元、绩效工资 8000 元及销售提成工资 16, 259 元；（2）撤销乳山市人民法院（2019）鲁 1083 民初 4169 号民事判决第二项；（3）驳回于某要求力牌公司支付 2015 年第一季度提成工资 9081 元、第二季度提成工资 26, 338 元的诉讼请求。上述款项，力牌公司于判决生效后十日内付清。

3. 再审裁判理由及结果

于某不服山东省威海市中级人民法院（2020）鲁 10 民终 3087 号民事判决，向山东省高级人民法院申请再审。山东省高级人民法院于 2021 年 9 月 10 日作出（2021）鲁民申 7998 号民事裁定提审本案。

于某再审请求：撤销山东省威海市中级人民法院（2020）鲁 10 民终 3087

号民事判决书第二项、第三项，依法维持山东省乳山市人民法院（2019）鲁1083民初4169号民事判决。

再审本案中，于某提交新证据即2016年11月23日于某与力牌公司董事长王某手机短信记录一份，王某的手机号为139××××××××，用以证实力牌公司要求于某再次入职发展客户的事实，以及于某与王某联系索要拖欠提成工资等劳动报酬的事实。是在于某2015年8月11日在力牌公司处离职后，向王某索要年终提成工资情况下，双方手机短信约定见面商谈，说明于某索要劳动报酬并没有超过仲裁时效。力牌公司质证称，对该证据真实性暂时不能确定，而且从证据内容看仅能证明于某要求到力牌公司重新工作，这也恰恰证明了在此之前于某与力牌公司的劳动关系已经终止，故该证据并不能证实于某所主张的未超过仲裁时效的问题。对该证据的真实性，本院要求力牌公司庭后5日内提供相关的书面意见，而力牌公司在指定的期限内未提供。故本院对于某提供的证据的真实性予以确认。

再审认为，于某原审请求力牌公司支付其2015年第一、第二季度的提成工资，经查明，于某于2015年8月11日辞职，但于某原审中提供的加盖有力牌公司印章的2015年《业务员销售政策》及2015年1—3月《营销二部提成表》、2015年第一、第二季度《营销二部提成汇总表》等证据，能够证明提成工资月度考核季度兑现60%，年度总兑现，提成均按照客户的实际汇款计提；《营销二部提成表》《营销二部提成汇总表》均有相关人员的签名，分别是制单“董某”，复核“李某”，财务部“柳某”，总经理“王某”；2015年第一季度《营销二部提成汇总表》载明，于某季度兑现60%提成13,620元，留年终兑现提成9081元；2015年第二季度《营销二部提成汇总表》载明，于某季度兑现60%提成39,506元，留年终兑现提成26,338元。按照力牌公司上述内部文件的规定，于某作为力牌公司销售人员的提成工资并非如计时工资每月定时计付，而是分季度和年终进行结算计付，于某2015年8月辞职时尚不到提成工资的给付期限，在提成工资支付期限未届至的情况下，提成工资作为劳动报酬的组成部分，即使计算仲裁时效期间，也应自2016年1月1日开始起算。2016年11月23日于某与力牌公司董事长电话联系，双方约定见面协商，于某称其提出要求力牌公司兑现提成工资事宜，2016 年 12 月 13 日于某又重新入职力牌公司，直至 2018 年 5 月于某提出仲裁申请。再审法院对此认为，一是二审判决认定以于某辞职的时间作为终止劳动关系的起算时间缺乏法律依据。我国现行《劳动法》《劳动合同法》并未对劳动者单方提出解除劳动合同或者辞职后，劳动关系何时解除或者终止作出明确规定。实践中一般用人单位同意劳动者单方解除劳动合同或者辞职申请，并办理工作交接和离职手续后，或者用人单位为劳动者出具解除或终止劳动关系的证明后，劳动关系才得以最终消灭，此时劳动者才可以重新就业或者领取失业保险金。这是因为任何法律拟制的社会关系终止，都必须符合法律规定的程序要求和职业特点，劳动者单方提出辞职申请，需要得到用人单位的同意，并办理相应的离职手续后，双方才能终止关系。如果劳动者和用人单位解除或者终止劳动关系各行其是，辞职者一走了之，用人单位不管不问，不仅有悖于法律规定，而且会造成劳动关系秩序的混乱。本案中，力牌公司并未提供充分证据证明于某辞职后，何时为于某办理的离职手续或者出具的解除或终止劳动关系证明，故二审判决单纯以于某提出辞职的时间认定双方劳动关系终止的时间法律依据不充分。二是提成工资作为劳动报酬的组成部分，是维系劳动者生存发展及其家庭生活的基本保障，应当给予最大限度的保护，及时足额支付劳动者劳动报酬，这也是用人单位应尽的法定义务和社会责任。本案中，虽然于某辞职后，在提成工资支付期间届至时未及时提出追索请求，但在此期间内，于某与力牌公司进行了联系沟通，并于 2016 年 12 月 13 日重新入职力牌公司。因此，即使于某就其提成工资事宜未及时提出仲裁申请，但基于双方间劳动关系的特殊性，应当对于某所主张的提成工资给予保护。二审判决以于某的请求超过仲裁时效为由不予支持欠妥。

山东省高级人民法院依照《民事诉讼法》第 207 条第 1 款、第 170 条第 1 款第 2 项的规定，作出（2021）鲁民再 423 号民事判决：（1）撤销山东省威海市中级人民法院（2020）鲁 10 民终 3087 号民事判决；（2）维持山东省乳山市人民法院（2019）鲁 1083 民初 4169 号民事判决。

三、结束语

在劳动争议案件中，涉及工资薪酬仲裁时效的适用时，关键是判断争议标的是否属于工资。如果是劳动者提供了劳动后获得的劳动对价，或被法律法规纳入工资范围内的费用，则属于工资范畴，仲裁时效适用《劳动争议调解仲裁法》第 27 条第 4 款特殊仲裁时效。但是，如果争议标的不属于工资，而是具有福利性质的生活补助等，则应适用《劳动争议调解仲裁法》第 27 条第 1 款的一般仲裁时效。总之，仲裁时效制度问题并不限于时效期间的长短，还包括时效期间的起算、中止与中断以及时效制度与其他制度的衔接等，这些问题都将对用人单位和劳动者的利益产生巨大影响，且理论界和司法实践中对不少问题的理解仍然存在分歧。

四、思考题

1. 评析《劳动争议调解仲裁法》对拖欠劳动报酬仲裁时效的规定。

2. 梳理未订立书面劳动合同劳动者主张二倍工资的案例，分析《劳动合同法》第 82 条的规定如何适用。

3. 分析如何完善劳动仲裁时效与诉讼时效的衔接。

五、相关规定

（一）《劳动争议调解仲裁法》

第 27 条　劳动争议申请仲裁的时效期间为一年。仲裁时效期间从当事人知道或者应当知道其权利被侵害之日起计算。

前款规定的仲裁时效，因当事人一方向对方当事人主张权利，或者向有关部门请求权利救济，或者对方当事人同意履行义务而中断。从中断时起，仲裁时效期间重新计算。

因不可抗力或者有其他正当理由，当事人不能在本条第一款规定的仲裁时效期间申请仲裁的，仲裁时效中止。从中止时效的原因消除之日起，仲裁时效期间继续计算。

劳动关系存续期间因拖欠劳动报酬发生争议的，劳动者申请仲裁不受本条第一款规定的仲裁时效期间的限制；但是，劳动关系终止的，应当自劳动关系终止之日起一年内提出。

（二）《劳动法》

第 47 条 用人单位根据本单位的生产经营特点和经济效益，依法自主确定本单位的工资分配方式和工资水平。

第 50 条 工资应当以货币形式按月支付给劳动者本人。不得克扣或者无故拖欠劳动者的工资。

（三）《劳动合同法》

第 30 条 用人单位应当按照劳动合同约定和国家规定，向劳动者及时足额支付劳动报酬。

用人单位拖欠或者未足额支付劳动报酬的，劳动者可以依法向当地人民法院申请支付令，人民法院应当依法发出支付令。

案例学习说明

一、学习准备

1. 提前一周布置阅读判决书。梳理一审、二审和再审裁判理由及结果，课前提交案例梗概报告。

2. 学生自主按照 5 人至 10 人分组，以小组为单位进行案例讨论，要求书写出小组讨论意见。

3. 每组分别对思考题进行剖析与回答。

二、适用对象

本案例主要适合法学专业学生，或对法律案件具有浓厚兴趣的非专业人士和实践操作者学习使用。

三、学习目标

本案例主要有四个教学目标：

第一，了解案例的来龙去脉，讨论劳动者提出解除劳动合同或者辞职申请的时间是否能确认为劳动关系终止时间，进而引申到探讨劳动关系终止时间对计算劳动仲裁时效期间的影响，以及可能导致丧失实体权益。

第二，结合本案例及现代企业工资结构的复杂多样性，讨论目前我国工资的构成与形式。

第三，对二倍工资差额法律性质认识的不同，导致二倍工资差额的劳动仲裁时效期间从何时起算，各省裁判标准不统一，思考审判实务中如何统一法律适用标准。

第四，如何理解劳动仲裁时效与诉讼时效的衔接。

四、要点分析

（一）劳动仲裁时效的法律规定及其分析

时效，谓因一定期间权利之行使或不行使的状态之继续，而为发生权利取得或请求权消灭之法律要件。其为权利取得之法律要件者，谓之取得时效，为请求权消灭之法律要件者，谓之消灭时效。[1] 当劳动争议案件当事人的权利受到侵害后，若不在法律规定的期限内行使请求权，其将不受劳动仲裁权的保护。依其性质，劳动仲裁时效为消灭时效。消灭时效在各国法中大多具有两重属性：一为实体方面，二为程序方面。实体方面的属性主要有胜诉权消灭说、诉权消灭说、实体权利消灭说以及抗辩权发生说。程序方面的属性主要包括法官是否受理，能否主动援引时效，举证责任分配等内容。大多数国家民法典在民事消灭时效制度中，规定了法官不能主动判决消灭时效的效力，除非当事人自己援引此种效力。[2]

我国劳动仲裁时效的消灭属性在实体和程序上都具有自身特点。一方面，《劳动争议调解仲裁法》规定了拖欠劳动报酬引发的争议，“劳动关系终止的，

[1] 参见史尚宽：《民法总论》，中国政法大学出版社2000年版，第620页。

[2] 参见朱岩：《消灭时效制度中的基本问题——比较法上的分析——兼评我国时效立法》，载《中外法学》2005年第2期。

应当自劳动关系终止之日起一年内提出”的规定，其隐含的意思是当事人如不在一年的仲裁时效期间内提起仲裁，则丧失诉权。在此，立法者采取了诉权消灭说。[1] 另一方面，2017 年人力资源和社会保障部实施的《劳动人事争议仲裁办案规则》第 30 条删除了原第 3 项“在申请仲裁的法定时效期间内”的规定，使仲裁的法定时效期间不再是仲裁庭受理劳动争议案件的必备条件之一。这意味着劳动者不行使权利的事实状态经过法定期间，劳动者还是可以到仲裁机构请求保护自己的权利，时效的完成并不影响实体权利，仅是产生义务人的抗辩权。

关于仲裁时效起算点一般规则，我国以“知道或应当知道权利被侵害”作为仲裁时效的起算点。“知道”是指当事人主观上知道自己权利被侵害的事实。“应当知道”则是一种法律推定，是指当事人基于客观事实及自身知识、经验，在合理注意情形下，应当知道权利受到侵害却因自身过失而未知情，故推定其知情。因此，判断当事人是否知道或应当知道权利被侵害，首先，应该遵循主客观相结合的标准。一方面以普通人的标准进行判断，另一方面要根据当事人自身的知识与智力能力等主观因素进行衡量，以避免单纯客观标准的机械性和单纯主观标准的特殊性。其次，司法人员在适用上应运用公平和诚实信用原则平衡双方利益。仲裁时效制度的价值取向就是平衡当事人利益。在劳动关系中，劳动者相对处于弱势，且仲裁时效期间仅为一年，司法人员在适用上做出有利于劳动者的倾向，才能真正实现当事人之间的利益平衡。

对于拖欠劳动报酬仲裁时效期间的起算点，《劳动争议调解仲裁法》没有采纳“知道或应当知道权利被侵害说”的通说观点，而是明确规定，在劳动关系存续期间，劳动者请求支付劳动报酬的仲裁时效期间不存在开始计算的问题；但是，劳动关系终止的，应当自劳动关系终止之日起开始计算仲裁时效期间。这样的规定更有利于保护劳动者的合理信赖利益，促进劳资双方友

---

〔1〕 参见吴文芳：《劳动争议仲裁时效与民事诉讼时效冲突探析》，载《华东政法大学学报》2013 年第 6 期。

好共处，实现劳动关系和谐发展。

但是，在《劳动合同法》第26条第1款第3项规定的“违反法律、行政法规强制性规定”而导致合同无效的情形下，违反法律与行政法规的强制性规定之行为大多为损害国家利益或公共利益，并没有当事人“权利”受到侵害的法律事实时，仲裁时效的起算仍不清晰。然而，已付出劳动的劳动者仍然享有劳动报酬权，该报酬请求权是适用劳动争议一年仲裁时效，还是适用劳动争议仲裁的特殊时效规定。目前，对劳动仲裁时效规定仍有较大争议，如仲裁时效的起算点不明，时效中止、中断、延长的规定不够细化等，并且大多数劳动争议案件均由劳动仲裁庭与基层法院审理，对劳动争议仲裁时效中的问题与困惑，难以进行深入探讨，进而形成统一适用的尺度。

（二）劳动合同效力终止时间的确定

用人单位自用工之日起即与劳动者建立劳动关系。劳动合同一旦成立，用人单位与劳动者应当按照劳动合同的约定，全面履行各自的义务，直至劳动合同依法终止之时，但是具体到劳动合同效力终止时间的确定上意见不一。例如，因辞退违纪劳动者而解除劳动合同，该合同效力是终止于辞退决定生效之时，还是终止于用人单位出具《解除劳动合同证明书》之日？对此问题的不同认识，关系到仲裁时效期间的起算点，关系到劳动合同关系双方当事人的合法权益。

我国现行《劳动法》《劳动合同法》并未对劳动者单方提出解除劳动合同或者辞职后，劳动关系何时解除或者终止作出明确规定。《劳动合同法》第50条第1款规定：“用人单位应当在解除或者终止劳动合同时出具解除或者终止劳动合同的证明，并在十五日内为劳动者办理档案和社会保险关系转移手续。”第2款规定：“劳动者应当按照双方约定，办理工作交接。用人单位依照本法有关规定应当向劳动者支付经济补偿的，在办结工作交接时支付。”该条款规定了劳动合同解除或者终止后双方的附随义务。劳动合同的解除或者终止，并不意味着原合同双方的权利义务会随之自行消除。相反，正是由于双方曾存在劳动合同关系这一事实，在合同效力终止之后，双方尚有某些权利义务处于不均衡状态，需要通过当事人一定行为加以消除。从内容上看，用人单位主要是出具终止劳动关系证明书，办理档案转移手续，支付经济补偿金等；劳动者则主要是及时办理交接手续等。实践中普遍认为，应该以用人单位是否完备办理终止劳动合同的有关手续为标准，如用人单位未予办理，合同效力并未终止。用人单位一方办理终止劳动合同的有关手续，是导致合同效力终止的前提条件。但也有观点认为，用人单位办理终止劳动合同的有关手续，属于劳动合同效力终止时产生的附随义务，意义只在于彻底消除双方既有劳动合同关系产生的后果，并不具有终止合同效力的作用。

综上所述，劳动合同效力终止时间的确定，因产生劳动合同解除或终止的原因不同，故应根据具体情况依法区别认定。

（三）工资定义、范围及实践中的具体类型分析

从本质上分析，工资是劳动给付的对价，是劳动力价值的货币表现，即劳动力的价格。1995 年 8 月劳动部发布《关于贯彻执行〈中华人民共和国劳动法〉若干问题的意见》规定了工资的概念、范围及例外。工资是指用人单位依据国家有关规定或劳动合同约定，以货币形式直接支付给本单位劳动者的劳动报酬，一般包括计时工资、计件工资、奖金、津贴和补贴、延长工作时间的工资以及特殊情况下支付的工资等。不属于工资的情形有以下三种：（1）劳动者的社会保险福利费用，如丧葬抚恤救济费、医疗补助费、生活补助费、计划生育补贴等；（2）劳动保护的各项费用；（3）按规定未列入工资总额的各种劳动报酬及其他劳动收入，如根据国家规定颁发的创造发明奖、自然科学奖、科学技术进步奖、合理化建议和技术改进奖等，以及稿费、讲课费等。

辨析工资的概念和构成，其重要意义就在于判断争议标的是否属于工资的范畴。由于现代企业工资结构的复杂多样性，有些费用项目是否属于工资的范围是存在争议的。如若不能定性为工资，当发生工资薪酬纠纷时，劳动者的主张就不能适用拖欠劳动报酬仲裁时效规定。

1. 二倍工资

《劳动合同法》第 82 条规定，用人单位自用工之日起超过一个月不满一年未与劳动者订立书面劳动合同的，应当向劳动者每月支付二倍的工资。用

人单位违反本法规定不与劳动者订立无固定期限劳动合同的，自应当订立无固定期限劳动合同之日起向劳动者每月支付二倍工资。对于二倍工资仲裁时效的争论，大多纠结于二倍工资差额性质上是属于劳动报酬范畴还是不属于劳动报酬范畴？一种观点认为，二倍工资差额属于劳动报酬。例如，海南省高级人民法院（2014）琼民抗字第 9 号民事判决书认为，首先，从《劳动合同法》第 82 条的文字表述来看，用人单位给劳动者支付的就是二倍的工资。如果其性质是补偿金、赔偿金或惩罚金的话，可以直接使用这些词语，而不需使用“工资”一词以产生歧义。其次，从立法目的来看，虽然二倍工资是对用人单位不签订书面劳动合同的行为进行的惩罚，但这种惩罚的目的是使劳动者得到更为全面的保护。一旦用人单位不与劳动者签订书面劳动合同，就应当支付二倍工资以降低劳动者因劳动关系存续期间不确定而面临的随时失业的风险。而倘若要求劳动者在劳动关系存续期间就必须对用人单位不签订书面劳动合同的行为提起仲裁，那劳动者就有可能被解雇，不利于立法目的的实现。综上所述，应认定二倍工资是劳动报酬。但也有学者提出另一种观点，如刘力、玄玉宝在《劳动仲裁时效的理解与适用》一文中认为，“调解仲裁法规定了仲裁时效为 1 年，双倍工资赔偿期间应该是自劳动者申请仲裁之日起，向前追溯 12 个月（若建立劳动关系不满 1 年，则扣除劳动合同法第八十二条所称的‘超过的 1 个月’），超过部分不予支持。其理由是，若超过 1 个月用人单位仍未与劳动者订立劳动合同，该事实是显而易见的，应当认为此时劳动者处于知道或者应当知道其权利被侵害的认知状态，仲裁时效自动开始”[1]。张锦生在《〈劳动合同法〉第八十二条理解与适用研究》一文中则直接持惩罚性赔偿观点。最高人民法院民事审判第一庭认为，我国法律法规均没有规定何为劳动报酬，劳动报酬应指劳动者向用人单位提供劳动所应得的对价。二倍工资中的一倍工资（正常劳动所得）也是劳动者提供的对价，属于劳动报酬。而二倍工资中超出一倍的部分虽然也被称为工资，但实质是惩罚性赔偿，并非提供劳动的对价，不属于劳动报酬。

---

〔1〕 刘力、玄玉宝：《劳动仲裁时效的理解与适用》，载《人民司法》2010 年第 17 期。

根据《关于工资总额组成的规定》和《关于〈劳动法〉若干条文的说明》的规定，劳动报酬是指劳动者从用人单位得到的全部工资收入，包括计时工资、计件工资、奖金、津贴和补贴、延长工作时间所依法应得的劳动报酬以及特殊情况下支付的工资。从《劳动合同法》将“二倍工资”置于第七章法律责任部分也可以看出，二倍工资中超出一倍的部分是法律拟制的工资，不是正常劳动所得，是对用人单位拒不履行劳动合同签订义务的法定惩罚。因此，二倍工资中超出一倍的部分不属于劳动者的正常劳动所得，不属于劳动报酬，应当定性为惩罚性赔偿。

目前对二倍工资性质的认定存在差异，直接导致对劳动者二倍工资请求权的仲裁时效的理解与适用的不同，尤其在审判实务中，各地裁判标准不统一。湖北省、云南省、四川省、山东省等多个高级人民法院分别专门制定了有关的指导文件。《湖北省高级人民法院民事审判工作座谈会会议纪要》（鄂高法〔2013〕342 号）第 31 条规定：“用人单位自用工之日起超过一个月不满一年未与劳动者订立书面劳动合同并一直未补订的，应当按照《劳动合同法实施条例》第七条的规定，自用工之日起满一个月的次日至满一年的前一日向劳动者每月支付两倍的工资。双倍工资的申请仲裁时效自劳动关系终止之日起算，期间为一年。”《云南省高级人民法院、云南省人力资源和社会保障厅关于审理劳动人事争议案件若干问题的座谈会纪要》（云高法〔2015〕27 号）第 3 条第 7 款第 4 项规定：“用人单位违反《劳动合同法》第十四条第二款规定，未与劳动者订立无固定期限劳动合同的，二倍工资的起算点为应订立无固定期限劳动合同之日，截止点为双方实际订立无固定期限劳动合同的前一日。二倍工资属于惩罚性赔偿，不属于劳动报酬，适用《劳动争议调解仲裁法》第二十七条第一款的规定，即一年的仲裁时效。因用人单位与劳动者未订立书面劳动合同的行为处于持续状态，劳动者主张二倍工资的时效从用人单位应当支付二倍工资的最后一个月届满之日起计算。”《四川省高级人民法院民事审判第一庭关于审理劳动争议案件若干疑难问题的解答》（川高法民一〔2016〕1 号）第 31 条第 1 款规定：“劳动者请求用人单位支付未订立书面劳动合同二倍工资差额的，仲裁时效期间应依照《劳动争议调解仲裁法》第27条第1、2、3款的规定确定，从未订立书面劳动合同满一月的次日起计算一年。上述仲裁时效期间应按月计算，从劳动者主张权利之日起向前倒推一年，对超过一年的二倍工资差额不予支持。”《山东省高级人民法院、山东省人力资源和社会保障厅关于审理劳动人事争议案件若干问题会议纪要》（2019年6月10日）第21条规定：“关于二倍工资争议的仲裁时效适用问题。劳动合同法第八十二条规定的‘二倍工资’中加付的一倍工资具有惩罚性赔偿金性质，不属于劳动报酬。用人单位自用工之日起超过一个月未与劳动者订立书面劳动合同，劳动者要求用人单位支付二倍工资的，劳动者申请仲裁的时效为一年。劳动者请求用人单位支付未签订劳动合同二倍工资可视为同一合同项下约定的具有整体性和关联性的定期给付之债，应当作为整体之债对待，仲裁时效应从用人单位与其补订劳动合同之日或者视为双方已订立无固定期限劳动合同之日起计算。”综上所述，各省在审判工作中缺乏统一法律适用，导致“同案不同判”，劳动者处于不同省份，最终获得的劳动保护权益也不尽相同。

2. 年休假工资报酬

“年休假工资报酬”与“二倍工资”情况类似，尽管名义上都叫工资，但都不完全是劳动者提供劳动后所获得的对价。根据《职工带薪年休假条例》第5条第3款规定，单位确因工作需要不能安排职工休年休假的，经职工本人同意，可以不安排职工休年休假。对职工应休未休的年休假天数，单位应当按照该职工日工资收入的300%支付年休假工资报酬。《企业职工带薪年休假实施办法》第10条第1款规定，按照日工资收入的300%支付未休年休假工资报酬，其中包含用人单位支付职工正常工作期间的工资收入。因此，职工日工资收入的300%包含两部分内容：一部分是职工提供劳动后获得的对价，即职工日工资收入的100%；另一部分是由于单位原因劳动者未享受法定福利假日，而由单位支付给劳动者的一种福利性补偿，即职工日工资收入的200%。这两部分费用由于性质不同，应适用不同的仲裁时效，前者属于工资劳动报酬性质，应当适用《劳动争议调解仲裁法》第27条第4款的特殊仲裁时效规定；后者属于一种法定福利待遇，应当适用第27条第1款规定的一年仲裁时效。

3. 基本生活费

用人单位在停产停工期间给员工发放的基本生活费，因劳动者没有付出劳动的对价，不是工资，而是用人单位依法应承担的社会责任，适用《劳动争议调解仲裁法》第27条第1款一般仲裁时效的规定。

4. 高温津贴

高温津贴是否属于工资构成？根据《防暑降温措施管理办法》第17条规定，“劳动者从事高温作业的，依法享受岗位津贴。用人单位安排劳动者在35℃以上高温天气从事室外露天作业以及不能采取有效措施将工作场所温度降低到33℃以下的，应当向劳动者发放高温津贴，并纳入工资总额……”在此情形下的高温津贴是工资。但是，如果是用人单位向非从事高温作业的劳动者发放的防暑费、降温费等，那本质上就是职工福利，不是工资，不能适用特殊仲裁时效。

（四）劳动仲裁时效与诉讼时效

根据《民法典》第188条规定，民事诉讼时效一般为3年，诉讼时效期间自权利人知道或者应当知道权利受到损害以及义务人之日起计算。《劳动争议调解仲裁法》第48条规定，劳动者对本法第47条规定的仲裁裁决不服的，可以自收到仲裁裁决书之日起15日内向人民法院提起诉讼。也就是说，对于已履行完仲裁前置程序的劳动争议，当事人应当在收到仲裁裁决书之日起15日内向人民法院提起诉讼，而不再适用《民法典》关于诉讼时效的相关规定。

劳动仲裁时效制度与民事诉讼时效制度的区别，形式上是时效期长短不同，但实质是在于劳动法与民法的价值目标之差异。在民法中，限制当事人的自由必须说明形式上及实质上充分且正当的理由，公权力的干预不能轻易越界。与此相比，劳动法对于公权力的界限并未进行充分且正当的说明，更强调国家的干预与对劳动者之保护，劳动仲裁时效对劳动报酬请求权的特殊保护，也是根植于劳动关系的从属性。[1] 劳动仲裁时效制度的基本要旨是对

---

〔1〕 参见吴文芳：《劳动争议仲裁时效与民事诉讼时效冲突探析》，载《华东政法大学学报》2013年第6期。

劳动关系现存秩序的尊重与信赖利益的保护，以维护劳动关系的稳定。对劳动者合法权益的倾斜保护是劳动法的立法目的，劳动仲裁时效固然应当维护社会秩序的稳定，但也不应当成为妨碍甚至损害劳动者合法权益的桎梏，更不应当被用人单位滥用，成为规避用人单位法律责任的工具。劳动仲裁时效问题值得劳动法理论界与实务界进一步深入关注和思考，这不仅是一个技术层面的规则问题，更是一种蕴涵丰厚的理论诠释。[1]

五、学习安排

案例学习拟 4 个学时，内容分为三个阶段：

第一阶段——案件及判决介绍，引导学生厘清案件事实，增加学生的理论和实际应用能力。

第二阶段——围绕思考题展开讨论。鼓励每组学生表达展示自己的观点，教师要把这些观点罗列出来，或由各小组写到各组的汇报材料中，如果学生们的观点范围比较狭窄，教师可以通过提出问题让学生回答来启发他们的思维。具体问题的讨论应该以启发的方式，引导学生提出案例中出现的实质问题。如果学生们在讨论具体问题之后，对解决问题的思路仍然模糊，教师可以进行讲解。

第三阶段——指导教师总结、评价。

六、其他学习支持

1. 江必新、何东宁、王丽：《最高人民法院指导性案例裁判规则理解与适用·劳动争议卷》，中国法制出版社 2013 年版。

2. 赵树文主编：《劳动与社会保障法案例研究与评析》，法律出版社 2020 年版。

3. 郑尚元：《劳动争议处理程序之和谐——以“劳动仲裁时效”为例子》，载《法学家》2005 年第 5 期。

4. 吴文芳：《劳动争议仲裁时效与民事诉讼时效冲突探析》，载《华东政法大学学报》2013 年第 6 期。

---

〔1〕 参见李文涛、赵洪石、孙晓：《劳动仲裁时效完成的法律效力研究》，载《中国劳动关系学院学报》2014 年第 5 期。

特别自首下漏罪之追诉、并罚问题

谢嗣强*

案例摘要： 何某于20××年至20××年先后犯了抢劫罪、诈骗罪、盗窃罪，其因抢劫行为情节轻微，且作案时属于未成年人，被作相对不起诉处理。满18周岁后，先诈骗他人财物但未被公安机关及时侦查发现，但后因盗窃被公安机关抓获。何某对盗窃行为供认不讳，公安机关遂以盗窃罪移送检察院，法院以盗窃罪判处何某有期徒刑6个月。刑期执行完毕后1个月，公安机关又以涉嫌诈骗罪将何某拘留后逮捕，移送检察院审查起诉。审查起诉时，何某向检察机关提出，其在因盗窃被公安机关拘留期间向公安机关供述过诈骗的犯罪事实，并做了现场指认，且有受害人提供的证明予以证实。

关键词： 没有及时判决宣告的漏罪　同时审判的可能性　自首　认罪认罚从宽

就司法实践中出现的新情况，本文提出了“没有及时判决宣告的漏罪”这一需要并罚的漏罪之新情形；就解决方案，笔者从数罪并罚的根据、并罚的必要性以及所涉及的程序方面问题进行了全面论证。从问题讨论更广泛的场域而言，本文试图从特别自首形成的漏罪数罪并罚适用中，发掘“认罪认罚”作为独立的量刑情节之独特表达形式，并为其从宽的幅度和范围奠定基础。

* 谢嗣强，法学硕士，西南林业大学文法学院讲师，兼职律师。主要研究方向：刑事法治、习近平法治思想、生态产品价值实现。

在这个案件中，诈骗行为先于盗窃行为发生，但公安机关只以盗窃罪移送起诉，刑罚执行完毕以后才以诈骗罪移送起诉。那么，对于公安机关在判决宣告前已发现的数罪，公安机关能否择一罪移送起诉，待该罪宣判且该罪刑罚执行完毕后又将余罪移送起诉？而在余罪被公安机关移送起诉后，检察院能否提起公诉？接下来需要回答的问题是，假如后来检察院向法院提起公诉，法院是否因前罪已经判决且执行完毕，就不进行数罪并罚？

若置于认罪认罚从宽制度中，数罪并罚案件本身就会出现特殊问题（如检察机关如何提出量刑建议和如何进行量刑协商）。在本案中，公安机关将没有及时判决宣告的漏罪移送审查起诉，必将导致其与犯罪嫌疑人形成对立关系——这在事实上已超出通常认罪认罚从宽制度的适用范围。后续检察机关若要提起公诉，追诉方与辩方的对立不难判断仍会继续。即使检察机关审查起诉时有意适用认罪认罚从宽制度，嫌疑人、被告人也将无太大意愿与检方进行量刑协商。而本案若不视为认罪认罚，又显然不合情理。因此，解决此类案件的正确之道是，在进入审判阶段之时起人民法院即可以自行将其视为认罪认罚案件。在接下来的审理中，虽本案仍要数罪并罚但因同时存在特别自首情形，故人民法院在审理后可直接引用《刑事诉讼法》第15条，按照认罪认罚从宽最终对全案作出正确的裁判。

一、本案漏罪之追诉、并罚问题

（一）漏罪之情形

为了便于下文讨论的进行，根据行为人遗漏罪行被发现的时间、被发现时是否立即被追诉，我们可将“发生在判决宣告之前而未被判决的漏罪”分为“法定的漏罪”、“客观上的漏罪”和“没有及时判决宣告的漏罪”三种情形。这三种漏罪是否追诉，都应统一适用《刑法》第87条、第88条、第89条关于追诉时效期限及其计算的规定（若发生在已判决执行的罪行之前，还会发生追诉时效的中断[1]），但在是否数罪并罚及如何数罪并罚上，存在

〔1〕《刑法》第89条第2款规定：“在追诉期限以内又犯罪的，前罪追诉的期限从犯后罪之日起计算。”

差异。

1. 法定的漏罪

《刑法》第70条规定："判决宣告以后，刑罚执行完毕以前，发现被判刑的犯罪分子在判决宣告以前还有其他罪没有判决的，应当对新发现的罪作出判决，把前后两个判决所判处的刑罚，依照本法第六十九条的规定，决定执行的刑罚。已经执行的刑期，应当计算在新判决决定的刑期以内。"法定的漏罪，即《刑法》第70条明确规定的漏罪。这种情况指的是判决宣告后刑罚执行完毕前发现的漏罪（实际上还包括缓刑考验期间发现的漏罪、假释考验期间发现的漏罪）。构成法定漏罪的条件，除了犯罪行为发生在判决宣告之前且未被判决这一客观情况外，还须依赖判决宣告后刑罚执行完毕前这一期间公安司法机关"发现"此漏罪这一主观条件。这种漏罪，须与已判决宣告的罪实行数罪并罚；判决宣告之罪已执行的刑罚，应当计算在新判决决定的刑期以内，即采"先并后减"的方法。

2. 客观上的漏罪

客观上的漏罪，是刑罚执行完毕且在相应的追诉时效时间范围内才发现需要追究刑事责任的漏罪的情形。此等漏罪，系由于相对于公安司法机关之客观原因持续存在，[1] 刑事案件在直至刑罚执行完毕前或无法进入刑事诉讼程序，或无法达到移送起诉、审查起诉、有罪判决的证明标准，故我们可以称为客观上的漏罪。客观上的漏罪是国家追诉权的暂时不行使状态，国家并未放弃追诉权，一旦条件具备就可行使。另外，客观上的漏罪一定意义上与"被告人供述不完整有关联"，且不符合《刑法》第70条规定的适用条件。因此，客观漏罪与数罪并罚无关，应当单独起诉、单独审判并单独执行，不涉及与原判刑罚的加减问题。

---

[1] 此处强调客观原因是相对于公安司法机关而言的，意味着不取决于任何组织或个人的主观认识。以下案例之情形属于本文此处客观上之漏罪情形。"被告人张某因犯非法采伐国家重点保护植物罪，被法院判处有期徒刑一年。刑满释放后，有人举报称，于此之前被告人张某伙同他人在其承包的山场，在未办理林木采伐许可证的情况下砍伐松树。公安机关侦查属实，后经公诉机关诉至法院，法院以被告人张某犯滥伐林木罪，判处有期徒刑二年，罚金一万元。"

3. 没有及时判决宣告的漏罪

发现有犯罪行为立即进行追诉处理，是司法实践的常态也是公安司法机关迅速及时打击犯罪职责的要求。但是，实际上还存在漏罪的第三种情形，即判决宣告前公安司法机关已经发现行为人犯有数罪，仅因一时法律评价错误或工作失误等主观原因而只对其中部分罪行起诉，在刑罚执行完毕后因认知上的变化发现余罪在法律上又不应放弃追诉而又予以追诉的情况。[1] 虽然此等漏罪，与客观上的漏罪一样都属于在刑罚执行完毕后公安司法机关待处理的案件，但其因系公安司法机关没有及时有效行使打击和追诉犯罪的权力而形成，因此与客观上的漏罪又明显不同。我国《刑法》将判断漏罪的“时间点”确定为判决宣告之时，因而我们可以称为“没有及时判决宣告的漏罪”。另外，由于法定的漏罪是公安司法机关在判决宣告后发现并在原判决执行期间处理的罪行，故法定的漏罪与没有及时判决宣告的漏罪也明显不同。

就本文所举的案例而言，该案明显应当属于没有及时判决宣告的漏罪。对于没有及时判决宣告的漏罪，我国法律没有做出明确的规定。在处理上，是按照客观上的漏罪处理，还是按照法定漏罪处理？抑或按照其本应适用的判决宣告前数罪的一般规则处理但又有特殊之处？就本案而言，单独起诉、单独审判、单独执行似乎是可行的，在技术上没有什么障碍——实际上，公安司法机关的目的就是如此。不过在法感上，公安司法机关的做法显然对犯罪人来说是不公平的、不合理的。因为这样实际上意味着对行为人所犯数罪实行的是并科原则而不是通常的限制加重原则。笔者认为，在理论上没有及时判决宣告的漏罪属于判决宣告前的数罪，应当进行数罪并罚。但在技术上，应可采用法定漏罪先并后减的做法进行处理。换言之，在确定了应数罪并罚后，因《刑法》第70条漏罪并罚与《刑法》第69条“判决宣告前一人犯数罪的”并罚，对被告人的刑罚利益的影响并无实质差异，故并罚后减去行为人盗窃罪已经执行完毕的刑罚，在技术上没有什么障碍。

---

[1] 这种情况下，没有及时判决宣告的漏罪是否受时效的限制，也存在疑问。因为《刑法》第88条第1款规定：在人民检察院、公安机关、国家安全机关立案侦查或者在人民法院受理案件以后，逃避侦查或者审判的，不受追诉期限的限制。

（二）判决宣告前数罪并罚的根据

数罪并罚制度在实体法上属于量刑制度范围，而在诉讼法上，则涉及起诉、审判和执行。那么，数罪并罚的根据到底应该落脚在哪里呢？我国有学者认为，“数罪并罚就是将特定时间范围内的数罪判处的刑罚合并统一执行。数个刑罚如何合并执行从根本上讲就是刑罚执行问题，因此数罪并罚应以刑罚执行的要求为根据”。[1] 由于我国刑法中的数罪并罚涉及判决宣告后刑罚执行完毕前行为人再犯新罪的并罚问题，故而上述学者认为数罪并罚应以刑罚执行的要求为根据有一定道理。但是，如果认为数罪并罚从根本上讲就是刑罚执行问题，则过于绝对。对于判决宣告前的数罪并罚，包括判决宣告后刑罚执行完毕前发现的漏罪的数罪并罚，在德、日等大陆法系国家的刑法理论中，并合罪（并罚的数罪）特别处理的根据在于同时审判的可能性，而并不是一个刑罚执行问题。德国学者耶赛克认为：“实在的竞合，存在于行为人在同一刑事程序中实施了受判决宣告的数个独立的犯罪事实。所以，实在竞合的前提，首先是存在行为的复数性，其次就是复数行为共同的判决宣告是可能的。”日本学者大塚仁认为：“一个行为人犯有数罪的场合，本来不妨对其各个犯罪分别处分，但是，在它们处于可能同时被审判的状况时，在刑罚的适用上，对这些犯罪一起处理是更为合理的。并且实际上即使是不能同时审判的数罪，在事后的判断上，认为有同时审判可能性的场合，与同时被审判的权衡上，某种程度统一处理这些犯罪是适当的。”在日本刑法中，对于漏罪的并罚问题（日本刑法中称为事后的并合罪），认为只要裁判确定，其刑罚的执行是否终了可以不问。[2]

域外刑法把数罪的并罚（包括法定漏罪和没有及时判决宣告的漏罪的数罪并罚）的根据定位在同时审判的可能性，很有见地，值得借鉴。这样定位，

---

〔1〕 肖鹏、苑民丽：《试论数罪并罚的根据——兼论我国数罪并罚制度的缺陷及完善》，载《政法学刊》2004 年第 2 期。

〔2〕 转引自马克昌：《比较刑法原理：外国刑法学总论》，武汉大学出版社 2002 年版，第 811、813、815 页。

有利于限制国家权力，保障犯罪人的人权；有利于国家机关及时追究、打击犯罪，正确行使国家权力。对此，我们可从刑事法律关系的角度试作分析。我国学者认为，刑事法律关系是指刑法所调整的社会关系，涉及国家、犯罪人、被害人。刑事法律关系分为三个类型：刑权关系、犯罪关系和惩罚关系。刑权关系的产生只需要刑法生效这一法律事实，犯罪关系的出现则在前一事实的基础上，还要求犯罪行为这一新的法律事实，而惩罚关系则是在上述事实基础上，需要国家运用其政权的强制力，通过司法机关的判决（可理解为一个导致法律关系变更的新的法律事实）直接与犯罪主体结成惩罚关系。[1]在判决前行为人犯数罪的情况下，在理念上除了上述三个类型外，由于数罪的存在，则又有与数罪中每个罪相对应的两个或两个以上的刑事法律关系发生竞合。在犯罪关系上它们是不一样的，原因在于有两个以上不同的犯罪行为（法律事实）；但在刑权关系和惩罚关系中，引起的法律事实可以只有一个，前者为刑法生效、后者为司法机关的判决。故把判决宣告前的数罪并罚的根据定位在数罪具有同时审判可能性（或在一个判决中宣告的可能性）是符合刑事法律关系的原理的。相反，如果把判决宣告前数罪并罚的根据定位在执行上，则不符合刑事法律关系的原理，因为法律关系的产生依赖一定的法律事实，而合并执行只不过是惩罚关系这一法律关系的内容。没有及时判决宣告的漏罪，似乎丧失了同时审判的可能性或同时判决宣告的可能性，但正如日本学者所言，“在事后的判断上，认为有同时审判可能性的场合”，也应当数罪并罚，而且“其刑罚执行是否终了可以不问”。笔者认为，法律领域中有些法律事实是可以拟制的，对于没有及时判决宣告的漏罪，从事后的判断来看，有同时审判的可能性，应当拟制为有同时审判的可能性，视同判决宣告前的数罪实行数罪并罚。

从刑事法律关系的内容来看，虽然国家始终是权利（力）主体，但在现代法治社会，权力的行使应当及时、正确与合法，否则便是失职或者滥用权

---

〔1〕 参见冯亚东：《理性主义与刑法模式》，中国政法大学出版社 1999 年版，第 199、200、203、204 页。

力。在上述案件中，公安机关行为确有不妥，从实质上看也是不合法的。其不妥之处在于其本应该对盗窃罪和诈骗罪一并移送审查起诉，却在数罪中选择其中一罪移送起诉，这实际上是失职；在行为人盗窃被宣判有罪且该罪刑罚执行完毕后又将余罪移送起诉，以期对诈骗罪单独起诉、单独审判、单独执行，实际上是滥用国家权力。这些做法不仅使受害人的利益得不到及时保护，客观上还以不当方式扩大了国家的刑罚权力（对行为人所犯数罪实行的实际上是并科原则，而不是通常的限制加重原则），从而损害了犯罪人的权利。但是，这并不意味着盗窃罪刑罚执行完毕后，公安机关就不能将诈骗罪移送检察院审查起诉或检察院就不能向法院提起公诉。公安机关仍可将余罪移送审查起诉，检察院也应当提出公诉〔1〕，只不过，人民法院却不能只对余罪单独审判，单独量刑。任何人都不能从自己或他人的违法行为中获得利益——犯罪人也是如此，不能因公安机关本应将诈骗罪与盗窃罪一并移送审查起诉，却只将盗窃罪移送，就认为刑罚执行完毕后行为人所犯诈骗罪就不受刑事追究、检察院就不能提出公诉。在检察院提出公诉后，人民法院也可依职权获取有关数罪并罚的事实。这种情况与“一事不再理原则”无关。“原则上，一事不再理的效力只适用于被告人已被起诉或已经判决的同一犯罪事实，不及于被告人的其他犯罪事实。如甲犯杀人、强奸两项罪名，但检察机关起诉时只指控了杀人罪而遗漏了强奸罪，那么，一事不再理的效力就仅及于杀人罪而不涉及强奸罪。若检察机关在案件审理过程中对甲追加起诉强奸罪的，不属于双重起诉，法院应当受理；若检察机关在审判终结后，就强奸罪另行起诉甲的，也不违背判决的既判力，法院应当受理”〔2〕。

（三）本案形成数罪的源头——特别自首

而且我们认为，对本案如果不进行数罪并罚，也会带来另一个司法难题。

---

〔1〕 就本文引用的案例，检察院最后做出了不起诉决定。这样处理是否恰当，值得斟酌。笔者认为对犯罪人有过于宽纵之嫌；同时，在诉讼法上也缺乏根据，无法归入不起诉的任何一种类型中。

〔2〕 谢佑平、万毅：《一事不再理原则重述》，载《中国刑事法杂志》2001 年第 3 期。

何某由于盗窃被公安机关拘留期间向公安机关供述过诈骗的犯罪事实，故属于特别自首。而且从案件事实可以推断，其所犯诈骗罪重于盗窃罪（盗窃罪只被判处了6个月有期徒刑）。这样的话，特别自首的效力会由于没有采用数罪并罚而受到不当的限制。实际上，除了公安司法机关通过直接侦查发现漏罪外，还大量存在因特别自首，即被采取强制措施或刑罚执行过程中的犯罪人主动交代的公安司法机关没有掌握的其他罪行而发现漏罪的情形。一般来说，自首的效力只及于行为人自首的罪行，而不及于全案。但是，如果其特别自首的罪行重于判决宣告的罪行而成为主要的犯罪事实，则应当承认自首的效力及于全案。在没有及时判决宣告的漏罪的情况下，由于其他罪行已经判决宣告，如果不进行数罪并罚，则意味着只能对余罪承认自首。如果这样做，虽不违法，但从刑事政策考虑，却不恰当。[1] 从量刑原理来看，我国有学者指出：在个罪中已使用过的情节，不能在并罚时使用，因为这有悖于禁止情节重复使用原则，但属于数罪的整体情节，个罪亦不能使用，也就是说，在各罪量刑时，要为数罪留下属于它的情节，数罪的系统组合，整体相当于一个较重的新罪，必然有着各个组成部分所没有的新特征，对于数罪来说就是各罪所不具有的新情节。[2] 只有通过数罪并罚，并在数罪并罚的限制加重原则范围内，考虑这种情况下特别自首这样的数罪的整体情节，才能做到罪责刑相适应。

二、案例重置：“认罪认罚从宽”与“自首”的双向重塑

在观念层面上，自首历来被人们认为是犯罪人认罪、悔罪的表现。不过，这些年来，一些著作和文章都不再认为犯罪人自首全系出于认罪、悔罪，而认为自首有利于节约司法资源、提高司法效率。因为很明显，刑事诉讼的进

---

〔1〕 在公安司法机关没有掌握其他罪行的情况下，犯罪人主动交代实质上对行为人并没有什么好处，因为其主动交代的公安司法机关没有掌握的罪行也是要受到惩罚的。犯罪人要主动交代，很大程度上是其权衡该罪行被公安司法机关发现的可能性，该罪行交代后能给自己带来多大的利益。

〔2〕 参见任江海：《数罪并罚之限制加重原则的适用及立法完善》，载《湘潭大学社会科学学报》2002年S1期。

行以犯罪人的归案、接受追诉审判为前提，以犯罪事实被正确认定为必要。而认罪认罚从宽是指犯罪嫌疑人、被告人自愿如实供述自己的犯罪，对于指控犯罪事实没有异议，同意检察机关的量刑意见并签署具结书的，可以依法从宽处理。如此一来，自首与认罪认罚从宽制度就有了不同的功能定位，相应地，二者间的关系需要重新进行调适。

任何一个有一定司法经验的人都知道，在刑事诉讼中，即使有国家公权力的介入，抓获犯罪人也好，认定案件事实也罢，困难性都是不言而喻的。如果上述关于自首存在价值的认识具有科学性，那么，这一认识对自首的认定，即自首的构成要件塑造上又有怎样的影响呢？本文此处先讨论认罪认罚下自首的性质、自首的构成要件以及自首的法律效果。

（一）自首的程序法性质

刑法学者认为自首本质是“自动归案”，其价值是促进刑罚目的之实现、保障罪责刑相适应原则之落实、裨益司法效率之提高。与此同时，认为自首从宽处罚分别是“自首者的人身危险性较小”“自首节约了司法成本”。这些讨论，都未明确区分自首的认定与自首的（从宽）处罚问题。换言之，应当首先解决自首的认定问题，即必须首先回答自首成立的最低条件是什么。而要回答此问题，又必须确定自首的本质属性。诉讼法学者一般认为，刑事司法程序正义的内涵包括公正（平）和效率两个方面，前述有观点认为自首有助于提高司法效率，这显然也是从诉讼法角度的理解。在我国法律中，《刑事诉讼法》在没有明确自首的情况下将自首作为立案来源之一，而《刑法》将自首作为体现犯罪人人身危险性减弱的表现，以专节加以规定。这给解读法律者以错觉，想当然地认为自首只是一项刑事实体法制度。但是，且不说我们现在将自首本质（价值）归为其有利于提高刑事司法效率，而且在自首的认定上，我们通常也不得不考查行为人是否在被司法机关讯问或采取强制措施前投案，是否仅因“形迹可疑”被盘查等相关程序法事实。

故而，至少在自首的认定上，自首是刑事实体法问题还是刑事程序法问题就不再毫无疑问了！如果说提高诉讼效率是刑事法学者的共识，那么“价值层面的认识必须落实到对制度层面问题的回答”。由此，自首制度于层面是属于刑事实体法问题还是刑事程序法问题，就再明显不过了。一般的法学常识告诉我们，任何一部法律都是以调整特定范围的社会关系为对象，明确了一定法律关系的性质，也就明确了相应法律关系的法律性质。刑事法律关系包括刑权关系、犯罪关系、惩罚关系这样三种相互转化的基本类型，“三者首尾呼应、连接一体，贯穿于刑法运作的全过程”。同时，“事实上在犯罪关系与惩罚关系之间另外还穿插着刑事诉讼法律关系——只有通过一定的诉讼程序才能消除犯罪关系而结成惩罚关系”[1]。这种对刑事法律关系的考查方式，因为是基于事实关系的考查，因此具有科学性。三种类型的法律关系的阶段性显而易见，一方面注重各个法律关系的联系（不然何来转化），另一方面又注重各个法律关系的特点（表面上是法律关系主体的转化，深层次上是法律关系内容的转化）。以上述分析方法观之，自首产生的法律关系首先应当属于刑事诉讼法律关系，自首具有刑事程序法或刑事诉讼法的性质。首先，自首是犯罪事实发生后司法机关判决前（司法机关的判决是与犯罪主体结成惩罚关系的法律事实）的法律事实，不属于惩罚关系，更不属于犯罪关系。其次，自首的法律后果，从形式上看表现为司法机关的立案，犯罪人接受司法机关的讯问或承受司法强制措施，这也就是“自动投案”的法律意义。而从关系的实体内容来看，原有犯罪关系中的受害主体让位于国家主体（司法机关），受害主体受损害的权利直接被视为一种国家的利益，与惩罚关系中的利益相别之处在于，是一种有待司法审查的客观受损害的事实；而原有关系中的犯罪主体则质变为诉讼法律关系主体，其犯罪行为也质变为有待司法审查的行为事实，成为一种特定条件下的“法律义务”，即“如实供述自己罪行的义务”。而在现代的诉讼法理念下，即根据无罪推定原则，犯罪人在司法判决正

[1] 所谓“刑权关系”，是指基于刑法规定的权利义务规范而在权利主体和义务主体之间产生的社会关系，即通常所称的“刑法所保护的社会关系”；所谓“犯罪关系”，是指基于犯罪行为的实施而在犯罪主体与受害主体之间形成的社会关系，它以（犯罪者）个人的意志为转移而形成，与刑权关系不同，刑法对犯罪关系是打击、是设法排除；而所谓惩罚关系，是指基于国家司法机关的判决而在国家和受罚主体（犯罪主体）之间结成的社会关系。参见冯亚东：《理性主义与刑法模式》，中国政法大学出版社 1999 年版，第 199 ~204 页。

式确定有罪之前被推定为无罪，犯罪人并没有“如实供述罪行”的义务，即犯罪人享有沉默权，基于行为人趋利避害之诱因，事实上我们也不能期待犯罪人犯罪后“自动投案”。但是，通过自首的认定及对犯罪人从宽处罚，我们在制度设计上，尽管不能认为犯罪人没有自首就对其从重或加重处罚，但我们却可以以其自首为“交换条件”对其刑事责任予以适当从宽。后者，也正是认罪认罚从宽之实质理由。

从刑事程序法角度看待自首能为我们观察自首制度打开崭新的视野。实际上，无论是哪个国家或哪一法系，都不排除在正式认定有罪之前对犯罪人采取强制措施。而且根据确立了无罪推定原则的西方法治国家的做法，在犯罪人自愿供述的情况下，犯罪人的供述无疑义地将被作为证据，这就是所谓的供述自愿原则。从这个角度观察，自首所要求的“自动投案，如实供述罪行”中强调投案的“自动性”，实际上是对供述自愿的保障（或者说，我们有理由相信，因其自动投案，其供述便在很大程度上具有自愿性），也是供述真实性的保障〔1〕。当然，由于无罪推定的原则性要求，犯罪人如实供述的内容，也只能是“有待审查的行为事实”了。

（二）自首的构成要件

根据我国《刑法》的规定，自首应当具备两个条件：“自动投案”和

---

〔1〕 在日本，不羁押犯罪嫌疑人而在他的住处继续讯问，是任意讯问。但是，讯问被羁押的犯罪嫌疑人，是属于任意讯问，还是属于强制讯问，对此有不同观点。根据理论界大多数的观点和法律的规定，犯罪嫌疑人没有接受讯问的义务。而且，在讯问犯罪嫌疑人时，取得犯罪嫌疑人的供述也必须是任意的。用强制、胁迫、刑讯逼供的方法取得的供述、用违法长期羁押的方法取得的供述以及其他非任意的供述，都不能作为证据。非任意性的供述包括：让犯罪嫌疑人两手带着手铐接受讯问而取得的供述；约定不起诉所取得的供述；以共犯者已经招供来骗取的供述；等等。供述的可信性得不到确认，就不能作为认定事实的根据。以前否定供述可信性的事例有，改变侦查阶段的口供，这种改变没有合理的理由就不能作为认定事实的根据。参见［日］西园春夫：《日本刑事法的重要问题》（第2卷），金光旭等译，法律出版社、成文堂2000年版，第34页。在中国目前的司法状况和国民意识里，日本以及其他西方国家的对供述自愿性的要求显然是非常高的。但是，如果我们能够从确定犯罪人供述自愿性的角度来把握自首的两个条件，即“自动投案”和“如实供述罪行”间的关系，显然有助于我们对自首制度的理解。

"如实供述罪行"。我们讲自首的认定的刑事程序法角度考查，并不是要重新提出这两个条件之外的自首构成要件——这是罪刑法定原则所不允许的，而是说从刑事程序法的角度来解释这两个要件。

1. 自动投案

"自动投案"是自首的本质，一般意义上的坦白、被动归案都不具有这种属性。对于自动投案"自动性"的把握，我们应当从两个方面来进行。

首先，要明确自首的犯罪人自动投案时的认识内容——而其认识内容需要从自首的程序法后果来把握——这是自首的主观要件。自首的犯罪人自动投案时的认识内容是：认识到投案后其行为会受到公安司法机关的立案追诉（适用于犯罪事实和犯罪嫌疑人均未被司法机关发觉的情形）或自己会被公安司法机关讯问、采取强制措施（适用于犯罪事实或犯罪嫌疑人被司法机关发觉的情形）。可以明确的是，这里的认识内容都是程序法事实。从认识程度上看，我们表述的自动投案的认识内容中的"会"，包括"必然和可能"两种情况。这里要指出的是，从自首的犯罪人的意志因素来看，对自动性的把握不要求行为人是积极主动地追求自己被立案追诉或自己被公安司法机关讯问、采取强制措施这样结果的发生，也就是说不要求行为人对此持"希望的态度"，法律上这种要求是无意义和不必要的，因为哪怕是自首，也没有人会希望自己被立案追诉或自己被公安司法机关讯问、采取强制措施。其次，对自首"自动性"的把握具有"规范性"的因素。这种"规范性"要素，是我国目前自首制度对我国法制传统的创造性转换，如在中国古代法制史中，根据所谓"亲亲得相隐匿"制度，如果犯罪人的亲属到官府去告发，对告发人要予以治罪，但对被告发人则适用自首。有关司法解释规定的"并非出于犯罪嫌疑人主动，而是经亲友规劝、陪同投案的；公安机关通知犯罪嫌疑人的亲友，或者亲友主动报案后，将犯罪嫌疑人送去投案的，也应当视为自动投案"，便是我国传统观念在自首制度上影响的表现。而根据现代程序正义、刑事法治的要求，正如我国有学者指出的，"犯罪分子实际上尚未进入严格意义的司法程序、没有被采取强制措施，因此，只要符合其他条件，仍可认定为自首。"换言之，除了刑事诉讼法规定的强制措施（包括公民的扭送）外，一般情况下，都应当认定为投案具有自动性。

从自动投案出发，还要求投案的作为性。行为人投案必须有某种身体动作，这就是投案的作为性；反之则是公安司法机关在行为人投案（这里的“案”是指特定的刑事案件）这个时间点上的“不作为”——没有采取传唤或其他强制措施。因为投案本身即意味着使犯罪人与刑事司法机关建立起现实的刑事诉讼法律关系，所以，必然要求投案行为具有作为性；而且这也是投案自动性的要求。《最高人民法院关于处理自首和立功具体应用法律若干问题的解释》第1条所界定的各种投案形式都体现了投案的作为性。所以，对于“对犯罪（通常是过失犯罪）以后，在抢救伤者或财产的当场即被抓获的行为人”，不能认定为自首。

2. 如实供述罪行

《刑事诉讼法》第120条规定：“侦查人员在讯问犯罪嫌疑人的时候，应当首先讯问犯罪嫌疑人是否有犯罪行为，让他陈述有罪的情节或者无罪的辩解，然后向他提出问题。犯罪嫌疑人对侦查人员的提问，应当如实回答。但是对与本案无关的问题，有拒绝回答的权利。”

“如实供述”的内容是“有待审查的行为事实”。这里需要注意的是，在自动投案后，行为人根据自己对自己行为性质的判断作出的，反映一个普通公民真实的法律理解水平的供述，都应当认为是“如实供述”。换言之，对于“如实供述罪行”，关键是对如实供述这一行为本身的理解，而不是去判断其供述的事实这一供述对象的法律性质。正如有学者指出的，实践中一些犯罪嫌疑人一方面自动投案，另一方面又认为自己的行为不是犯罪，在司法机关面前拒不认罪，即行为人对自己如实交待的行为认为不是犯罪。比如，犯罪嫌疑人认为自己的杀人行为是正当防卫，但又向公安机关自动投案，交代自己的“防卫”行为，同时在公安人员讯问时坚持自己的杀人行为是合法的；犯罪嫌疑人在有关领导找其谈话过程中承认自己有经济问题，但不认为自己是受贿犯罪。对这些都应当认为行为人满足了“如实供述”这一自首的要件。从实体法角度看，行为人在自首时对自己行为是否违法犯罪的法律评价可能反映了其对自己认罪、悔罪的态度。但是，从刑事程序法角度看，只要他如实供述了“有待审查的行为事实”，尽了自己的程序法“义务”即可，而不能苛求行为人系如实供述罪行。

“如实供述”的时间性。根据《最高人民法院关于处理自首和立功具体应用法律若干问题的解释》的规定，“如实供述自己的罪行，是指犯罪嫌疑人自动投案后，如实交代自己的主要犯罪事实”；“犯罪嫌疑人自动投案并如实供述自己的罪行后又翻供的，不能认定为自首，但在一审判决前又能如实供述的，应当认定为自首”。可以明确的是，从大的范围来说，如实供述自己罪行必须发生在“自动投案后，一审判决前”。有学者对此不理解，认为司法解释将翻供后一审判决前又如实供述认定为自首，而将二审判决前又如实供述排除在自首之外，强调行为人“最初如实供述了罪行，尽管其间又有翻供，但只要在（二审）判决确定之前转而如实供述罪行的，完全符合自首的条件”。笔者认为，尽管从行为人认罪、悔罪的角度看，这种理解是正确的，但从自首的刑事诉讼性质看，却不妥当。因为从此性质出发，“如实供述”的首要意义是其证据价值，行为人翻供而在二审判决前才如实供述，意味着其证据价值的减低，自然不能认定为自首。问题反倒是，如果行为人自动投案后，“一直保持沉默，直到临近一审判决时才如实供述”怎么办？还有，是否要求行为人在自动投案后，接受公安司法机关第一次讯问时就应当“如实供述”？这些问题在目前的刑事司法体制下可能不是问题，但如果我国《刑事诉讼法》修订时采用严格意义上的无罪推定原则和沉默权制度，就可能成为问题。

（三）在认罪认罚从宽制度运行中本案的处理

通常自首是认罪认罚的表现形式之一，但从自首的程序法性质出发，自首并不必然包含了认罪的含义，更不包含认罚的确定内容。这两项内容，直到认罪认罚案件犯罪嫌疑人签署认罪认罚具结书，对指控犯罪事实没有异议，同意检察机关的量刑意见才被固定下来。因此，在事实构成上自首应当与认罪认罚有明显区别。“认罪认罚”已经成为一个独立的量刑情节。[1] 对此，

---

〔1〕 参见陈国庆：《刑事诉讼法修改与刑事检察工作的新发展》，载《国家检察官学院学报》2019年第1期。

《关于适用认罪认罚从宽制度的指导意见》规定，“对犯罪嫌疑人、被告人具有自首、坦白情节，同时认罪认罚的，应当在法定刑幅度内给予相对更大的从宽幅度。认罪认罚与自首、坦白不作重复评价”。

自首不一定认罪，在类似本案中的特别自首中表现更为明显。就行为人而言，其交代公安司法机关还未掌握的本人其他罪行，其中有避重就轻之情形，或也有不乏认为自己的行为可能仅是违反治安管理处罚法的行为、认为是其他行政违法而不构成犯罪的行为。而就侦查机关而言，不排除是侦查机关以减少指控的方式进行的类似于英美法系的辩诉交易，[1] 以换取嫌疑人之配合，以获取、巩固主要罪行的证据链。对于后者，我们必须实事求是地承认这种现象的存在，只不过，制度上我国又不承认减少指控罪名的认罪认罚（故公安司法机关以此为由在刑罚执行完毕后再行侦查和移送起诉漏罪）。

本案严格来说不符合一般的认罪认罚案件的办理要求。无法在漏罪审查起诉时令犯罪嫌疑人、被告人心悦诚服地签署包含“指控犯罪事实没有异议，同意检察机关的量刑意见”的认罪认罚具结书。因此，本案特别自首的认定，以及基于数罪并罚确定的、包含执行刑的量刑建议，只能在审判阶段进行。于是此类案件在办理上也体现出其自身的特点。换言之，《刑事诉讼法》第201条规定，“对于认罪认罚案件，人民法院依法作出判决时，一般应当采纳人民检察院指控的罪名和量刑建议”，认罪认罚从宽制度对本类案件的适用，与一般认罪认罚案件不同。

三、结束语

法谚云：适用一个法条，就是适用一部法典。就本案而言，涉及的不仅有刑法上的时效、数罪并罚、自首等制度，而且与一般认为属于程序法的认罪认罚从宽制度有关。因此，案例分析，不仅是对与案件直接关联的法律问题的处理，还有前置或后置的，带有背景性的一系列理论和实践问题。

---

[1] 参见王敏远、顾永忠、孙长永：《刑事诉讼法三人谈：认罪认罚从宽制度中的刑事辩护》，载《中国法律评论》2020年第1期。

四、思考题

1. 漏罪处理中刑法上的时效制度如何运用？
2. 法条直接语义外之漏罪是否及如何数罪并罚？
3. 简述自首（含特别自首）与作为量刑情节的认罪认罚之间的关系。

案例学习说明

一、学习准备

提出启发思考题，促引学生在课前完成资料阅读和进行初步思考。并让学生在课前分小组预先讨论，并准备发言，事先告知每组发言要求。

二、适用对象

本案例主要适用于刑法学课程，也可适用于刑事诉讼法学和法学方法论等课程。

三、学习目标

数罪并罚，是指对一人犯数罪分别定罪量刑，并根据法定原则与方法，决定应当执行的刑罚。根据对各个罪裁量刑罚在刑种上的不同，数罪并罚分别适用吸收原则、并科原则和限制加重原则。同时，我国刑法从时间上还把数罪并罚分为三种主要情形，以解决行为人在刑罚执行完毕前再犯新罪或存在漏罪等情况下已执行刑罚如何处理及如何适用有关规则并罚问题。相对于法条的具体之不同规定，本案例可分别视为公开的法律漏洞或隐藏的法律漏洞。但从刑事法体系思维出发，本案例属于法律有相关规定，只是由于受语言的特点所限或者案件新类型的出现等原因使刑法的适用遇到困难的情形[1]，即非真正的法律漏洞。非真正的刑法漏洞一般可通过采用目的性扩张、目的性限缩、当然解释以及合类型性解释等方法进行填补，同时对于刑罚方面的漏

---

〔1〕 参见任彦君：《论我国刑法漏洞之填补》，载《法商研究》2015 年第 4 期。

洞，还“应在刑法框架内根据罪刑相适应原则进行填补”。

无论采用何种解释方法，“使法律之间相协调是最好的解释方法”（concor－dare leges legibus est optimus interpretandi modus）。在法感上，人们大多会觉察到本案若单独追诉、单独审判和单独执行所存在的不合理之处。不过，这种孤立思维仍可能反噬检察机关公诉职能的正确行使。换言之，在面临单独移送起诉案件这一棘手的现实时，检察机关为避开案件办理压力仍可能会在孤立思维下对移送案件作出不起诉的决定。[1] 然在关联意义上，本案行为人曾犯三罪并非毫无意义，其所显示的行为人之主观恶性并不必然因特别自首就能完全被抵消，直言之，此类案件不应属于检察机关可以作出相对不起诉的权力范围。因此，围绕本案的合理处理能够使法律职业人增强理性能力，并在对自身的质疑、挑战和反省中增强法律的论证能力。

体系思维也体现在本案例漏罪的产生系因盗窃罪处理过程中存在的特别自首。而在特别自首一罪对另一罪的影响外，其必又关联到是否适用认罪认罚从宽制度，以及适用该制度将产生的一系列程序和实体法问题。通过本案例的辨析、探讨和研习，在拓展、拓深意义上掌握相关知识，这不仅能增强法律知识运用的灵活性，而且有助于提高运用法律的能力。

四、要点分析

（一）刑法上追诉时效是漏罪追诉并罚的前提

刑法上追诉时效，是指刑事法律规定的国家对犯罪人行使刑事追诉权的有效期限的制度。在有效期内，国家如果不行使刑事追诉权，超过期限对犯罪人就不能再追诉，刑事追诉权即归于消灭。我国刑法根据罪刑均衡原则，以犯罪的法定最高刑为标准，规定了四个档次的追诉时效；并对即成犯、连续犯和继续犯的追诉时效的计算做了规定。

《刑法》第89条第2款规定：“在追诉期限以内又犯罪的，前罪追诉的期限从犯后罪之日起计算。”因此，本案中诈骗罪的追诉时效应当从犯后罪即犯

---

[1] 当然，若案件是刑事政策上更强调打击的毒品犯罪案件等，检察机关也可能毫不犹豫地选择直接单独起诉。

盗窃罪之日重新计算，而非原犯诈骗罪之日开始计算。不过需注意的是，本案追诉时效的计算，也不应适用《刑法》第88条中“在人民检察院、公安机关、国家安全机关立案侦查或者在人民法院受理案件以后，逃避侦查或者审判的，不受追诉期限的限制”之规定。理由在于：一方面，本案行为人之诈骗罪难说曾被公安机关正式立过案；另一方面，行为人在盗窃罪的处理过程中，交代过诈骗罪的犯罪事实，属于特别自首，故不存在“逃避侦查”行为而就诈骗罪“不受追诉期限的限制”。

（二）特别自首

根据我国《刑法》第67条第2款的规定，特别自首，是指被采取强制措施的犯罪嫌疑人、被告人和正在服刑的罪犯，如实供述司法机关还未掌握的本人其他罪行的情形。一般自首的适用前提是自动投案，没有自动投案也就没有自首的成立。但特殊自首则与之不同，在特殊自首的情况下，其适用对象是被采取强制措施的犯罪嫌疑人、被告人和正在服刑的罪犯。

关于特别自首中的“本人其他罪行”是否包括同种罪行，刑法理论上存在争议。司法解释的立场是：根据《刑法》第67条第2款的规定，被采取强制措施的犯罪嫌疑人、被告人和已宣判的罪犯，如实供述司法机关尚未掌握的罪行，与司法机关已掌握的或者判决确定的罪行属不同种罪行的，以自首论。本案中诈骗罪是财产犯罪中的取得罪，与违背占有人意志的盗窃罪显然不是同种罪行，且不属于“选择性罪名或者在法律、事实上密切关联”之情形，故本案构成特别自首应不存在疑问。

（三）数罪并罚

1. 数罪并罚是对一人所犯数罪进行合并处罚的制度。数罪并罚具有以下特征。

（1）一人犯有数罪：是否包括同种数罪

数罪并罚中，亦存在数罪是同种或异种的问题。异种数罪，由于数罪之间属性不同，因而在一般情况下应当实行数罪并罚。而同种数罪，由于反复所犯的只是相同之罪，因而是否并罚就存在疑问。理论上对于判决宣告以前一人所犯的同种数罪是否并罚，存在各种不同的观点，通说认为同种数罪一般不应并罚。

不过，对于判决宣告以后，刑罚尚未执行完毕以前发现的同种漏罪或又犯的同种新罪，在现行法的规定下实行并罚并无分歧。但是，本案在观念上仍属于判决宣告前的数罪并罚之情形，与刑罚执行完毕前发现的漏罪毕竟有别。因此，本案及类似案型，原则上应是异种数罪。

（2）所犯数罪发生在法定期限之内

根据我国刑法的规定，限于以下三种情况下的数罪适用并罚：①判决宣告以前一人犯数罪；②刑罚执行过程中发现被判刑的犯罪分子在判决宣告以前还有其他罪没有判决；③判决宣告以后，刑罚执行完毕以前，被判刑的犯罪分子又犯新罪。

本案符合属于“判决宣告以前一人犯数罪”之情形。

（3）在分别定罪量刑的基础上，对数罪依照法定原则、范围与方法决定执行的刑罚

数罪并罚不是对数罪所判刑罚的简单相加，而是对犯罪分子所犯数罪，依照刑法分则的相关规定，逐一地确定其罪名和判定刑罚，然后根据所应遵循的法定原则，决定执行的刑罚。即便采用吸收原则进行并罚，对于数罪中有一罪或者数罪应当判处无期徒刑、死刑（含死缓）的案件，同样也应当对各罪分别定罪量刑，然后决定执行其中最高的刑罚。

本案的特殊之处在于，观念上本案属于“判决宣告以前一人犯数罪”之情形，却还要适用刑法执行完毕前发现漏罪时的“先并后减”之规则。

2. 数罪并罚的原则

数罪并罚的原则不同，结果也就不同。在不同数罪并罚的原则背后，是刑事政策的不同考虑。

（1）并科原则

并科原则中包含着“犯数罪者要重于犯一罪者”的观念因而也具有部分合理性，但其将一人所犯数罪被判处的刑罚绝对相加，合并执行，实有刑罚过苛之弊。另外，对于无期徒刑、死刑等刑罚方法来说，不存在合并执行的可能性；同时，有期徒刑绝对并科有时会导致刑期远远超过人的自然生命，

进而变得毫无意义。

本案若单独起诉、单独审判和执行，意味着行为人判决宣告前所犯诈骗罪、盗窃罪事实上被并科。

（2）吸收原则

吸收原则是对一人所犯数罪分别定罪量刑以后，采取重刑吸收轻刑的方法，只执行重刑，轻刑不再执行。与罪数论中的牵连犯、吸收犯等从一重处不同，此处的吸收原则指的是刑的吸收。对数罪分别定罪量刑，而以宣告刑为准确定数罪中各罪被判处刑罚的轻重，选择其中最重的刑罚作为应当执行的刑罚，其余较轻的刑罚被吸收，不再执行。

我国古代（如《唐律》）采“二罪俱发，以重者论”的做法，但作为数罪并罚的原则，吸收原则在一人犯数罪的情况下只执行最重之刑使数罪混同于一罪，有悖于罪刑均衡的原则，因此现在单纯采用吸收原则的国家已经极为罕见。

（3）限制加重原则

限制加重原则是指以一人所犯数罪中应当判处或者已经判处的最重刑罚为基础，再在一定限度之内对其予以加重作为执行的刑罚。我国的做法是，在数个宣告刑中最高刑期以上、总和刑期以下，决定执行的刑罚；同时规定应执行的刑罚不能超过的最高限度。

限制加重原则只能适用于有一定期限或者数量的刑罚，对于其他刑罚无法适用。其兼采并科原则与吸收原则的优点，不苛不纵，相对来说是一种公正、适当的数罪并罚原则。因此，这一立法例下如果一个案件本应适用限制加重原则，但由于司法机关分案办理而致行为人被分别定罪处刑和执行刑罚，从犯罪嫌疑人、被告人的角度来说，实质的并科就客观上侵犯了犯罪嫌疑人、被告人本该享有的刑罚量刑上的利益。

3. 我国刑法中的数罪并罚原则及其适用

我国刑法综合原则兼采上述并科原则、吸收原则和限制加重原则。《刑法》第 69 条第 1 款规定：“判决宣告以前一人犯数罪的，除判处死刑和无期徒刑的以外，应当在总和刑期以下、数刑中最高刑期以上，酌情决定执行的刑期，但是管制最高不能超过三年，拘役最高不能超过一年，有期徒刑总和刑期不满三十五年的，最高不能超过二十年，总和刑期在三十五年以上的，最高不能超过二十五年。”

（1）普通数罪的并罚

普通数罪是指判决宣告以前发现的数罪。对于判决宣告以前发现的数罪的合并处罚，可以按照我国《刑法》第69条之规定直接适用。

（2）发现漏罪的并罚

我国《刑法》第70条规定：“判决宣告以后，刑罚执行完毕以前，发现被判刑的犯罪分子在判决宣告以前还有其他罪没有判决的，应当对新发现的罪作出判决，把前后两个判决所判处的刑罚，依照本法第六十九条的规定，决定执行的刑罚。已经执行的刑期，应当计算在新判决决定的刑期以内。”根据这一规定，发现漏罪的并罚具有以下特征：一是发现漏罪并罚的时间是判决宣告以后，刑罚执行完毕以前；二是所发现漏罪并罚的前提是发现被判刑的犯罪分子在判决宣告以前还有其他罪没有判决；三是所发现漏罪并罚的方法是“先并后减”，即“对新发现的罪作出判决，把前后两个判决所判处的刑罚，依照本法第六十九条的规定，决定执行的刑罚。已经执行的刑期，应当计算在新判决决定的刑期以内”。

（3）再犯新罪的并罚

我国《刑法》第71条规定：“判决宣告以后，刑罚执行完毕以前，被判刑的犯罪分子又犯罪的，应当对新犯的罪作出判决，把前罪没有执行的刑罚和后罪所判处的刑罚，依照本法第六十九条的规定，决定执行的刑罚。”根据这一规定，再犯新罪的并罚具有以下特征：一是再犯新罪并罚的时间是判决宣告以后，刑罚执行完毕以前；二是所再犯新罪并罚的前提是被判刑的犯罪分子又犯罪；三是所再犯新罪并罚的方法为“先减后并”，即“对新犯的罪作出判决，把前罪没有执行的刑罚和后罪所判处的刑罚，依照本法第六十九条的规定，决定执行的刑罚”。

五、学习安排

案例学习拟1个学时，内容分为四个阶段

第一阶段——案例介绍及问题的启发。

第二阶段——小组成员从法感出发分别就以下问题发言：

1. 检察机关是否应该对本案提起公诉；

2. 本案是否涉及特别自首；

3. 本案是否应该数罪并罚。

第三阶段——从关联思维和体系思维出发老师再次进行指引。

1. 作为一个有客观公正要求的检察官，你如何评价公安机关的侦查行为，如何看待犯罪嫌疑人的系列犯罪行为？

2. 公安机关已将案件移送审查起诉，案卷就摆在检察官的桌子上，犯罪嫌疑人属于特别自首因而是认罪认罚的初步表现。作为检察官的我该怎么办和怎么做？

第四阶段——让小组成员分为三组：审判组、公诉组和辩护组，对案件相关问题展开辩论和讨论。

提醒学生：

1. 案件被置于认罪认罚从宽制度的范围内进行推进；

2. 无论是审判方还是控辩双方，其活动和法律适用意见，均与一般案件的办理不同，需要特别留意。

六、其他学习支持

1. 中国裁判文书网：https：//wenshu. court. gov. cn/。

2. 中国知网：https：//www. cnki. net/。

引文独创性之辩：周某诉王某学术论文剽窃案

蔡　涛[*]　马　平[**]

案例摘要：《著作权法》对以创作为表征的学术研究行为具有规范力。著作权保护的对象是作品中的独创性表达，史学论著中对史料文献的引用本身具有学术价值，若作者再在引文的选择、编排、删略、转译、解读、归纳、评述及串联表达方面附加显见的个性化元素，应认定其具备独创性，受著作权保护。照搬他人独创性引文不属于合理使用公共领域信息的行为，应属学术不端，且构成对著作权的侵害。对业已无法消除侵权内容再以合法形态存在的作品，应当判决禁令，以杜绝继续向社会传播不实的文化信息。

关键词：著作权法　史料文献引用　独创性标准　个性化表达

一、引言

知识产权以财产权属性为显见，法律的制定和实施多聚焦于促进创新、提升效益、规范竞争、平衡经济主体间的利益，而其中所蕴含的人文与社会价值往往被忽视。知识创造除了产出具有实用价值的产品外，还具有形塑社会共同追求和道德观念的品格价值，学术研究正是二者兼备，因此公众对学术品格怀有极高的期待和信赖。但近年来，层出不穷的学术不端事件逐渐颠

* 蔡涛，云南中医药大学知识产权运营中心主任。主要从事知识产权转化与维权实务。

** 马平，法学博士，西南林业大学文法学院副教授，硕士研究生导师。主要研究方向：宪法学、权利理论、生态法学等。

覆了公众既有的朴素认识，功利主义价值观泛滥，而法律在其中并没有发出令人振奋的正义之声，法律在重要社会关系失衡时的缺位令人叹息。在发生于2014年的周某诉王某学术论文剽窃案[1]审判过程中，法官敢于担当其责，积极又审慎地介入了这件不寻常的学术论文“剽窃”纠纷，通过审理和判决说理，力图改变法律缺位的状况，发出维护独立研究的明确宣言，对学术规范作出了司法指引。

《著作权法》并非版权之法可以概括，其名称和规则中包含了丰富的创作者人身权益内容，这为调整和规范学术研究行为及作品化的成果预留了制度空间。本案中，法官在深入了解史学研究的规律和价值的基础上，认识到引用史料文献本身就具有学术价值，其凝聚了研究者的辛勤劳动，体现了研究者的学术水平，而个性化表达元素融入引文之中，则进一步提升了学术的创新性，法律若不对该种独创性予以保护，无疑是对诚实、独立的学术研究精神之背离，间接助长学术不正之风。判决以扎实的事实分析驳斥了被告“按图索骥”造成“巧合”的不实辩词，认定原告作品中十例引文具备独创性，被告照搬使用于相似主题的论著中构成剽窃。因学术不端行为向社会传播的错误信息造成的负面效应较大，故判决在要求被告赔偿原告经济损失之外，还判令被告不得继续发行含有侵权内容的图书，并且限期将已经进入销售渠道的图书召回。本案一审宣判后，被告服判，并积极履行了各项判决义务，可以看出其认识观念因此得到了切实的修正。

二、案例概况与分析

（一）案件与判决

原告周某于2004年完成其博士学位论文《晚清留日学生与云南近代化》，探讨留学生选派原因、过程，学习情况，革命活动，以及回国后对云南社会

---

[1] 云南省昆明市中级人民法院民事判决书，（2015）昆知民初字第117号。本案发生于2014年，审理时法律依据系2010年第二次修正之《著作权法》，非2020年第三次修正后之现行《著作权法》，特予说明。

近代化发展作出的贡献。2014 年其发现王某的著作《留学生与云南近代化》一书中多处引文与其论文中使用的引文相同。为此诉至法院，请求判令：（1）被告停止侵犯其著作权；（2）被告赔偿其经济损失人民币 50,000 元；（3）被告赔偿其为维权支出的合理费用人民币 5072 元；（4）被告承担本案全部诉讼费用。被告王某辩称：被控侵权著作是史学作品，历史事实无法臆造，必须借鉴引用大量史料文献和前人研究成果；其在写作过程中合理借鉴和引用了包括原告博士论文在内的诸多论著和史料文献，均注明了引文来源，其自由使用公共领域文献资料与合理借鉴学术观点的行为不构成侵权。

法院经审理查明：被告作品与原告作品相同的引文有十七例，其中九例系原告对史料文献（出自 1906—1911 年出版的杂志《云南》）的内容进行选择、编排、删略、转译以及解读、归纳、评述、增加连接表达用语后形成的，与原文表达相较有明显的不同。昆明市中级人民法院于 2015 年 12 月 28 日作出一审民事判决：（1）被告王某停止著作权侵权行为，收回在销售渠道内的图书《留学生与云南近代化》，并不得再以销售或赠与等方式发行该图书；（2）被告王某赔偿周某经济损失及为制止侵权支出的合理费用共计人民币 6000 元。

（二）争议焦点与裁判论证

合议庭认为，本案争议的焦点问题包括以下四个：第一，被告作品与原告作品中引用史料文献内容相同之处，是被告独立研究、合理引用史料文献所致，还是被告使用原告引文所致；第二，若是后者，原告引用史料文献的表述能否受到著作权的保护；第三，若能受到保护，被告的行为是否侵害了原告的著作权，以及构成何种侵权行为；第四，若侵权成立，被告应当如何承担法律责任。

第一，被告作品与原告作品中引用史料文献内容相同之处，是被告独立研究、合理引用史料文献所致，还是被告使用原告引文所致？

涉案的论著属于史学研究作品。对于特定历史问题的关注与探查显现出学者独立的思想，发现能够反映特定历史事实、支持特定学术观点的史料文献本身承载着学术价值，同时也是史学研究中最为基础也最耗费时间和精力的一步。借鉴前人研究成果得到启发是必然且必要的，而借鉴之对象除了学术观点外，引用的史料文献当为重要的研究线索，其中不乏后学者尚未掌握或不知道确切出处的内容。按照前作注明的出处就可以查阅到史料文献原文，详阅原文之后则能全面地了解其内容和旨意，发现更多的可用的内容素材。借此，后学者将这些素材纳入自己的知识体系中，成为自己的学术积累，这一知识内化过程符合史学研究的规律。在独立研究和独立创作的前提下，史料文献内容属于公共领域内的知识信息，可以自由引用。

本案中，被告作品与原告作品中有十五例引文来自相同的史料文献，对此被告解释为："由于反映云南晚清留日学生情况的史料文献不多，按照原告作品中注明的出处查阅原文后，我引用了与原告相同的内容。"这一说法可以类比为"按图索骥"，但此辩解与事实相悖。首先，原告作品中的部分引文是经过筛选、删增、调整及现代白话文翻译后形成的，与原文比较有显著差异。然而被告对应引文却与原告引文表述一样，与原文表述不同；其次，有一例引文原告引述原文时抄错了一个人名，被告对应引文亦出现相同错误。因此可合理推知，引用史料文献内容出现相同之处是被告直接照搬原告引文所致。

第二，若确属被告引用了原告引文，那么原告自己引用史料文献的表述能否受到著作权的保护？

作品是由一系列表达衔接组成的整体有独创性的表达，著作专有权包括积极的专用权和消极的排他权，专用权针对的对象是作品，但著作排他权保护的对象则指向作品中的独创性表达。独创的法律含义就是个性化的创作行为，而独创性表达就是作品表达中呈现出与同等创作人有区别的、专属于特定作者的个性化表达。

学术研究虽然在行为自由度上与文学、艺术实践不同，要遵循基本的科学思维和方法，但由于个性有异，但凡独立之研究都不可避免地带入研究者的个性化元素，在创作学术论著时更会让其中的个性化特征得以表现出来。原告创作的博士论文《晚清留日学生与云南近代化》属于学术作品，其结构和内容表达体现出充足的个性化元素，具有独创性，足以产生著作权。

有论者认为史学论著具有独创性，但其中引用的史料文献内容并非引用者原创，引用史料文献之表达不具独创性，著作权保护不能及此，被告也持这样的抗辩观点。法院认为此观点简单且片面，未能从史学研究规律出发，未能深研其中的难点和价值亮点，未能体验研究的努力和艰辛，未能从独立研究、独立创作、个性化表达之间的逻辑关联认识到史料文献往往并非仅是简单直接引用，其中还融汇了引用者独立的思想、见解和个性化的创作投入。

若仅是原样使用某条史料文献内容，虽然选取本身有一定的个性化，但表述上个性化色彩很淡，独创性程度不高，这类引用若给予著作权保护会造成不当垄断，阻碍学术发展。因此须增加更能凸显个性化智力投入的表达元素才能达到受保护之标准，授予著作权保护也才能切实起到支持独立研究和独立创作的制度功能。例如，多条史料文献内容被有意地组合排列使用；用现代语言转译旧文言；附加解读、评述；将原有内容打散重组并附加串联语句；归纳内容、重述史实等。引用史料文献内容时附加更多的个性化表达元素将显著提升其中之学术思想内涵，更能凸显研究者的学术能力和学术成果的价值。引用史料文献内容之表达的独创性，应系外在形式标准和内在实质标准的统一，形式标准以表达的个性化程度来衡量，实质标准则以学术价值为据。以下为法官对两例诉争引文进行的独创性评价：

第五例，被引原文以文言表述，原告作品将其转译为现代白话文，而转译并无定式可言，原告使用的词汇语句体现出自己的个性。

第六例，被引原文出自两篇文章，原告作品在引文1“辛亥革命以后共和观念深入人心，人民群众已进一步觉醒”与“各家插国旗，贴新联祝贺。新联内容有‘立马华山，推翻帝制；挥戈燕地，重建共和’”两句之间插入了引文2之“而民众之澎湃，更为难得”，同时附加了观点与串联表述，与原文有别。

法院认为，原告作品引文中有九例引用史料文献的表述的个性化程度较高，足以达到独创性的形式标准，同时还彰显出独立研究和独立创作的学术价值，亦满足独创性的实质标准，应当得到著作权的保护。

第三，被告的行为是否侵害了原告的著作权？若是，构成何种侵权行为？

被告作品中使用了十例具有独创性的原告引文（包括九例源自史料文献，一例原告自创作），虽然注明了原文出处但不能援引《著作权法》第22条第1款第2项赋予秉承独立研究和独立创作准则的学者合理引用权而使其合法化，因此被告的行为构成对原告著作权的侵犯。同时，《著作权法》第47条第5项规定了以剽窃方式侵害他人著作权的行为，剽窃是指将他人的独创性表达作为自己的作品（剽窃完整作品或作品的局部内容两种方式）来使用，造成对他人创作私益之侵害的同时，亦对社会提供了错误的创作信息，博得本不应有的社会评价和实际利益。被告将原告作品中的独创性表达使用于自己作品中，假借为自己的研究创作成果以自己的名义出版发行，此行为一方面占用了原告的创作成果，造成对原告创作权益的侵害，另一方面向社会提供了虚假的创作讯息，此行为构成剽窃。

第四，被告应当承担什么样的民事责任？

本案被告实施了剽窃式侵权行为，并公开发行含有侵权内容的作品，对原告创作私益造成侵害。虽然被告作品中非法使用原告独创性表达只有九例，且篇幅较少，但业已不能消除已经融为一体的侵权内容之后，再以合法形态存在，任其继续发行必将不断向社会宣传错误的创作讯息，于原告私益和社会公共利益均为不利。因此，基于目前含有侵权内容的《留学生与云南近代化》一书已经进入销售渠道，为制止侵权，及时消除侵权影响，只能要求被告停止销售或者以赠与等方式发行。对于已经进入销售渠道的图书，应给予被告一定时间来召回。

由于侵权图书系学术作品，印刷、发行量不高，被告因此可获得的收益有限。根据《著作权法》第49条的规定，法院考虑此实际情况以及原告为制止侵权行为支出了相应费用（包括图书购买费用和聘请律师代理诉讼应支出的费用），酌情判令被告赔偿原告经济损失以及为制止侵权支出的合理费用共计人民币6000元。

（三）审理思路：来自主审法官的复盘

本案促使承办法官对审判理念进行了深刻的反思，对知识产权司法审判在法治国家建设事业中的意义和价值产生了新的认识，这些理念反思与意义认知都被融合在了审理过程，特别是判决书的撰写之中。

1. 审理之初，面对两种常见裁判思维的困扰

本案首先查明的一个事实是：发生剽窃争议的学术论著是史学研究作品，在此类作品中会大量引用历史文献资料的内容，而大多数史料文献都处于公共信息领域，任何人都可以自由使用。到这里，下意识产生第一种思维：既然史料文献要么是公共信息，可以自由使用，要么仍处于著作权保护期内但并非引用者创作，引用当然无独创性可言，那么被告作品中出现与原告作品里相同的引文不构成侵权。这种思维其实发端于固守僵化的司法理念，是未对具体案件进行深入解析时候的“先入为主”，如果固守此种思维，会导致对是非、善恶的价值观念漠然以对，对学术不端和学术腐败现象的危害视而不见，对因此而扭曲的社会秩序和价值导向“退避三舍”，对法律的理解和司法功能的认识墨守成规。

进一步查明的另一个事实是：被告在创作与原告作品相同主题的论著时，并没有独立查阅、挑选史料文献内容，反而直接照搬了原告作品中对其有用的引文。这又引发出第二种思维：照搬抄袭他人辛苦完成的研究成果非常可恶，就应受到法律的制裁，因此必须赋予原告研究成果以民事权利，以便判定被告侵权。这种思维体现了积极的一面，即对善恶、是非观的敏感和坚定，但它的另一面却是随意跨越立法和司法权之间的界限，扩张民事权利涵摄范围，会造成对法律形成体制和法律制度自洽性的破坏。与前一种固守僵化的思维相对，如果不站在充分的法律依据与论证推理之上，将滑向“感性冒失”，失却司法的理性与谦抑性。

2. 司法担当以开创与谦抑为内核，贡献于法治建设

当前我国新一轮法治国家建设的大幕已经拉开。法治须建立在两个理念基石之上：一是以全社会形成共识的是非、善恶、诚信价值观为出发点；二是以法律制定权与法律形成程序的严格性，以及法律制度本身的统一性、稳定性和自洽性为落脚点。固守僵化和感性冒失的思维理念均已不合时宜，前者漠视了价值评判在法律适用和司法审判中的基础作用，因循守旧，缺乏

修正社会秩序的勇气，其裁判结果常违背公众的朴素道德认同，难以得到民众的认可和支持；后者受司法能动主义的影响，错误地将司法审判的角色定位为积极的法律制定者，僭越了立法权，随意地突破既有法律制度的规范体系，破坏法律的稳定性和自洽性，虽然能够回应一时一事的是非感受，但贻害很大。

担当则以开创和谦抑精神辩证统一为理念内核，放到司法语境下，司法担当的目的是落实和促进法治，它要求司法审判必须兼顾融汇法治的两个基石。首先，法官必须树立正确的价值观，对于涉诉争议及其社会背景所凸显的行为和现象，有正确的、符合公众共识的是非、善恶、诚实抑或不端的评判，审判中应当按照共识性的价值观作出回应。本案审理之初，承办法官就关注到近年来功利主义思想在社会上蔓延，由此引发的学术不端和学术腐败对我国教育、文化、科研产生了很大的破坏，也令公众对学术界是时代精英与良知代表这一朴素信赖遭遇解构，敏锐地意识到本案审理在案内案外都将产生不小的影响力，学术圈和公众都在拭目以待，期待审判能够彰显出具有正当性的价值导向，鲜明地提倡独立的学术研究行为，保护创作者的合法利益。若存在学术不端必须加以惩戒，此案不能等闲视之，审理结果意义重大。其次，民事权利法定是成文法系的基本特征之一，其包含两个层面的含义：一是确立民事权利的权力仅赋予立法机关；二是立法机关确立某项民事权利时同时划定了权利的涵摄范围，司法审判对于法律的解释应以此为限，既不能创设权利，也不能超范围解释权利。承办法官发现诉争的学术论著比较特殊，是史学论著，而且更为特别的是，原告主张受到剽窃的是其论文中对于史料文献引用的表述，那么史料文献本身的公共属性马上会进入案涉讨论视野。原告诉求的成立，以其史料文献引用产生民事权利为前提条件，然而努力付出并产生学术价值本身并不足以产生法定的著作权，著作权须满足法定的独创性标准方能产生，审判必须依据我国现有著作权相关法律规范体系展开，这是司法谦抑性之必然。

进言之，辩证的法律思维要求法官不能不加深思就作出想当然的法律判断，法律判断包括对法律规范本身的理解和对法律事实的认定。首先，关于法律规范本身而言，法官修正了著作权保护的对象是作品这一较为普遍的观念，厘清了著作权产生于作品，但著作权保护的是作品中的“细胞”——独创性表达。其次，史料文献的公共属性并不必然导致具体引文一定缺乏独创性，独创性的客观标准包括作者个性化的表达及其比重，而考虑比重时则需要引入一个价值标准——是否产生独有的学术价值或是否较原始文献表达衍生出更好的学术价值。因此，在对价值标准的采用方面，体现了法律适用的开创性，深度还原了著作权法促进有真正社会价值的作品创作的制度功能，也能够获得当事人和公众的价值认同。最后，法官根据史学研究的规律、智力劳动的投入、表达个性和学术的价值，认定九例引用史料文献的表述和一例自创作引文满足著作权法独创性标准，应受著作权保护。

3. 审理策略之运用：“逻辑陷阱”

庭审的常规目的是发现事实，但在特殊案情下，庭审对于印证价值判断、影响审判走向和审判效果的作用也不能忽视。已故美国联邦最高法院大法官斯卡里亚的庭审策略很有启发性，他常常设计一些“逻辑陷阱”，考验当事人陈述的真实性，放大不实之词的荒诞和矛盾，对于引领审理、形成心证和检验公众反应十分有效。本案中，承办法官预料到学术圈内对照搬使用他人论著的行为肯定持批评态度，所以被告必定会解释是按照原告引文所注明的出处，查阅原文后作出相同的引用选择的，不会承认直接照搬使用。所以承办法官当庭询问被告争议引文的来源，被告果然如上应答，承办法官顺势要求其确定参照引用的是原文而非原告作品引文，当被告不假思索地确定了这一“事实”之后，承办法官话锋一转，马上挑出一例原告引用原文出现错误的引文，指出被告亦出现相同错误，要求其解释，被告当庭语塞，引起旁听群众哄堂大笑。被告陷入无法回转的逻辑陷阱，“按图索骥”的辩解不攻自破，学术不端行为全面暴露，这对随后案件裁判以及判后效果产生了微妙的影响。

三、结束语

作为一件有典型意义和社会影响力的案件，承办法官的判决书写作周期长达半年之久，承办法官期间几易其稿，最终完成了篇幅达 3 万多字的判决书。判决争议焦点的归纳突出了对史料文献引用争议这一重点，说理开篇先谈法官对学术品格价值的见解，然后徐徐展开法律评述，虽然篇幅很大，但是对情与理、价值与规范、事实与逻辑的论述层次分明、理义通明，文理结构新颖而严谨，体现了承办法官深厚的法律功底和较真的职业责任心。该案一审宣判后，被告服判且主动履行了法律责任，可见审理中采用的特殊方法和严明的判决说理给予其无法质疑的说服力，促使其反省自我，勇于承担后果，实现了案内的最佳法律效果。此外，云南省高级人民法院推选本案例报送最高人民法院，参评2015年中国50件典型知识产权案件，并最终入选，实现了更高的案外社会影响效果。

四、思考题

1. 如何认定史料文献引用的表述具有独创性？
2. 对不同类型的作品，独创性标准如何确定（请检索相关案例进行评述）？
3. 简述法官的裁判思路及价值立场。
4. 怎样才能实现审判的法律效果与社会效果双赢？

五、相关规定

《著作权法》（2010年）[1]

第12条 改编、翻译、注释、整理已有作品而产生的作品，其著作权由改编、翻译、注释、整理人享有，但行使著作权时不得侵犯原作品的著作权。

第22条第1款 在下列情况下使用作品，可以不经著作权人许可，不向其支付报酬，但应当指明作者姓名、作品名称，并且不得侵犯著作权人依据本法享有的其他权利：

……

（二）为介绍、评论某一作品或者说明某一问题，在作品中适当引用他人

[1] 对应2020年《著作权法》第13条、第24条、第52条、第54条。

已经发表的作品……

第47条 有下列侵权行为的，应当根据情况，承担停止侵害、消除影响、赔礼道歉、赔偿损失等民事责任：

（一）未经著作权人许可，发表其作品的；

（二）未经合作作者许可，将与他人合作创作的作品当作自己单独创作的作品发表的；

（三）没有参加创作，为谋取个人名利，在他人作品上署名的；

（四）歪曲、篡改他人作品的；

（五）剽窃他人作品的；

……

第49条 侵犯著作权或者与著作权有关的权利的，侵权人应当按照权利人的实际损失给予赔偿；实际损失难以计算的，可以按照侵权人的违法所得给予赔偿。赔偿数额还应当包括权利人为制止侵权行为所支付的合理开支。

权利人的实际损失或者侵权人的违法所得不能确定的，由人民法院根据侵权行为的情节，判决给予五十万元以下的赔偿。

案例学习说明

一、学习准备

1. 提前一周布置阅读判决书。梳理判决内容，课前一天提交案例梗概小报告。

2. 学生自主选择分为三组，分别对思考题进行剖析与回答，准备汇报。

二、适用对象

主要是法学专业本科以上学生或对法律案件具有浓厚研习兴趣的思考者。

三、学习目标

本案例聚焦著作权法中独创性的认定标准与个性化表达的讨论，已发行之著作如构成侵权应如何承担法律责任等问题，亦部分延伸到司法对于学术不端、学术功利主义的价值判定。本案例需要解决的关键问题即本案例教学的目的，在于引导学生通过对司法判决的深入分析，了解实践中出现的著作权纷争，理解我国司法理念背后的立场及其理据，进而巩固著作权法核心知识点。

四、要点分析

（一）如何认定史料文献引用的表述具有独创性

史料文献研究的特点：对于特定历史问题的关注与探查显现出学者独立的思想，发现能够反映特定历史事实、支持特定学术观点的史料文献本身承载着学术价值，同时也是史学研究中最为基础也最耗费时间和精力的一步。借鉴前人研究成果得到启发是必然且必要的，而借鉴之对象除了学术观点之外，引用的史料文献当为重要的研究线索，其中不乏后学者尚未掌握或不知道确切出处的内容。按照前作注明的出处就可以查阅到史料文献原文，详阅原文之后则能全面地了解其内容和旨意，发现更多的可用的内容素材。借此，后学者将这些素材纳入自己的知识体系中，成为自己的学术积累，这一知识内化过程符合史学研究的规律。

著作权法中，独创的法律含义就是个性化的创作行为，而独创性表达就是作品表达中呈现出与同等创作人有区别的、专属于特定作者的个性化表达。本案中，原告著作中对多条史料文献之引用，增加了更能凸显个性化智力投入的表达元素内容，包括：文献被有意地组合排列使用；用现代语言转译旧文言；附加解读、评述；将原有内容打散重组并附加串联语句；归纳内容、重述史实等。引用史料文献内容之表达的独创性，应系外在形式标准和内在实质标准的统一，形式标准以表达的个性化程度来衡量，实质标准则以学术价值为据。本案中，原告引用史料文献内容时，附加了更多的个性化表达元素，表达个性化程度较高，足以达到独创性的形式标准，同时还彰显出独立研究和独立创作的学术价值，亦满足独创性的实质标准，应当得到著作权的保护。

（二）对不同类型的作品，独创性标准如何确定（请检索相关案例进行评述）

第一，要学会使用各类司法判例检索平台进行类案检索；第二，检索到几个典型的案例，这些案例的争议焦点就是涉案“创作物”是否满足独创性标准，能否产生著作权，比如体育赛事直播、网络游戏直播、服装设计、儿童涂鸦、灯光秀、古生物雕塑等；第三，梳理案例中法院对独创性标准的论述，作学理和规则总结；第四，自编一个案例，设计一个特殊的“创作物”（最好是现实生活场景中已经出现的对象，如人工智能创作），开展一次模拟法庭辩论。

（三）法官的裁判思路及价值立场

本案审理初始，主审法官面对如何对历史研究中文献引用之独创性进行判定的问题。一般读者习见的认知是，历史文献的引用都是引用公共信息，引用本身亦不构成著作独创性；然而法官从朴素的常识出发，同时也对那些在作品中直接使用他人成果、甚至构成被学术界称为“假引”的行为产生了“其行为不妥”的直觉。问题的焦点在于，在具体案件中识别判定历史文献引文是否具有独创性的形式标准与实质标准是什么？面对具体个案，法官不能不谨慎审查与判断，既不可以凡引文皆乃使用公共信息一概视为不具独创性不构成侵权，亦不可仅凭正义直觉、内心确信来推定构成独创性，进而认定剽窃成立。

承办法官更进一步从司法担当角度，认为审理案件必须既要秉持司法谦抑的制度定位，也要在法律未予明确界定处展开开创性工作，为社会传达符合公众共识的正确价值导向。首先，法官必须树立正确的价值观，对于涉诉争议及其社会背景所凸显的行为和现象，有正确的、符合公众共识的是非、善恶、诚实抑或不端的评判，审判中应当按照共识性的价值观作出回应。承办法官关注到近年来功利主义思想在社会上蔓延，由此引发的学术不端和学术腐败对我国教育、文化、科研产生了很大的破坏，学术圈和公众都在拭目以待，期待审判能够彰显出具有正当性的价值导向，鲜明地提倡独立的学术研究行为，保护创作者的合法利益，若存在学术不端必须加以惩戒，此案不能等闲视之，审理结果意义重大。其次，原告诉求的成立，以其史料文献引用产生民事权利为前提条件，然而努力付出并产生学术价值本身并不足以产生法定的著作权，著作权须满足法定的独创性标准方能产生，审判必须依据我国现有著作权相关法律规范体系展开，这是大陆法系民事权利法定要求的司法谦抑之必然。

司法担当理念引导法官作出了本案的法律判断。法律判断包括对法律规范本身的理解和对法律事实的认定：首先，对于法律规范本身而言，法官修正了著作权保护的对象是作品这一较为普遍的观念，厘清了著作权的确产生于作品，但著作权保护的是作品中的“细胞”——独创性表达。其次，史料文献的公共属性并不必然导致具体引文一定缺乏独创性，独创性的客观标准包括作者个性化的表达及其比重，而考虑比重时则需要引入一个价值标准——是否产生独有的学术价值或是否较原始文献表达衍生出更好的学术价值。因此，在对价值标准的采用方面，体现了法律适用的开创性，深度还原了著作权法促进有真正社会价值的作品创作的制度功能。最后，法官根据史学研究的规律、投入、价值，认定十例史料文献引用表述满足著作权法独创性标准，应受著作权保护。

（四）怎样才能实现审判的法律效果与社会效果双赢

面对本案历史文献引文是否具有独创性这一争议焦点，裁判说理必须论据充分、论证有力，其中包括对事实证据、法律依据的充分剖析，才能够“目光往返流转于事实与规范之间”，最终得出合乎法律与情理的裁判。本案审理过程中，法官一方面深入了解历史研究领域的特点，在价值标准方面对引文之独创性进行讨论，尽量将裁判建立在客观化了的标准之上，减少事实与法律依据上的主观判断，并在判决书中予以层层揭示；另一方面也使用了诸如“逻辑陷阱”这样的庭审策略，直接在庭审中揭露被告所述之虚假部分，这从心理上极大地震慑了被告方。该案一审宣判后，被告服判且主动履行了法律责任，可见审理中采用的特殊方法和严明的判决说理给予其无法质疑的说服力，促使其反省自我，勇于承担后果，实现了案内的最佳法律效果。本案还入选2015年中国50件典型知识产权案件，实现了更高的案外社会影响效果。

五、学习安排

案例学习拟4个学时，内容分为三个阶段：

第一阶段——案件及判决介绍，引导学生了解判决书之背景。

第二阶段——思考题解析。本案例重点讨论如下问题，由小组分别进行汇报，指定其他小组两位同学进行评议：

1. 如何认定史料文献引用独创性？

2. 对不同类型的作用，独创性标准如何确定？

3. 法官的裁判思路及价值立场。

4. 怎样才能实现审判的法律效果与社会效果双赢？

第三阶段——教师总结、评价。

六、其他学习支持

1. 王迁：《著作权法》（第 2 版），中国人民大学出版社 2023 年版。

2. ［德］西尔克·冯·莱温斯基：《国际版权法律与政策》，万勇译，知识产权出版社 2017 年版。

3. 吴汉东、宋晓明主编：《人民法院知识产权案例裁判要旨通纂》（上卷），北京大学出版社 2016 年版。

4. 最高人民法院知识产权审判庭编写：《最高人民法院知识产权审判案例指导》（年度系列），中国法制出版社出版。

5. 陈锦川：《著作权审判——原理解读与实务指导》，法律出版社 2014 年版。

6. 何怀文：《中国著作权法：判例综述与规范解释》，北京大学出版社 2016 年版。

7. 最高人民法院指导案例（涉著作权），以及各年度最高人民法院 10 大知识产权案件和 50 件典型知识产权案例。

公法还是私法：从贵州息烽案看生态环境损害赔偿制度的性质

张未红*

案例摘要：息烽案[1]是全国首例经磋商达成生态环境损害赔偿协议且经人民法院司法确认的案件。息烽诚诚劳务有限公司（以下简称息烽公司）非法倾倒废渣造成生态环境损害数额共计891.6万元，在该省律师协会的参与下，贵州省环境保护厅与息烽公司、贵阳开磷化肥有限公司（以下简称开磷公司）就受损生态环境展开磋商且达成磋商协议。经法院对协议进行司法确认审查后，裁定协议有效。息烽公司、开磷公司按照协议对受损生态环境进行修复。本案探索了生态环境损害赔偿磋商机制、司法确认制度和企业自行修复受损生态环境的做法。这些创新弥补了传统环境法律责任承担的不足，除了让赔偿义务人承担行政或刑事责任外，还承担相应的民事赔偿责任，以最严格的法律实现损害担责，履行政府环境保护职责。息烽案磋商成功后，国内学界和实务界对生态环境损害赔偿制度的法律属性是公法还是私法，如何定位磋商的性质等问题展开了激烈的讨论。从本案入手，追根溯源，厘清前述问题，为建构起行之有效的生态环境损害赔偿制度奠定基础。

关键词：生态环境　生态环境损害　磋商　诉讼　性质

---

* 张未红，法学硕士，云南天安化工有限公司风控管理岗法务。

[1] 息烽案，是2017年，贵州省清镇市人民法院办理的贵州省人民政府、息烽诚诚劳务有限公司、贵阳开磷化肥有限公司生态环境损害赔偿案。

一、引言

严重破坏、污染生态环境事件的频发，威胁着人类的生存和可持续发展，如何救济受损生态环境在世界范围内广受关注。发达国家工业化进程早，在20世纪70年代便开始关注对生态环境损害的预防与保护。1992年《里约环境与发展宣言》的签署标志着生态环境损害赔偿制度的缘起，美国、欧盟、日本等发达国家或地区率先尝试建立生态环境损害赔偿制度。如美国在《综合环境反应、赔偿和责任法》（CERCLA）、《石油污染法》中构建了自然资源损害赔偿制度，明确行政机关不可以行使行政权迫使相对人采取修复措施，而是通过自行评估及组织修复受损生态环境后，就相关费用以民事诉讼方式进行索赔，对受损生态环境损害的救济体现出典型的私法主导特点。欧盟2004年颁布《预防和补救环境损害的环境责任指令》（European Parliament & Council, Directive 2004/35/CE of the European Parliament and of the Council on Environmental Liability with Regard to the Prevention and Remedying of Environmental Damage，以下简称《环境责任指令》）主要是采用行政责任、社会化分担责任及市场手段相结合的方式对生态环境本身的损害进行预防和修复义务规范，[1] 呈现出更强的公法性质，[2] 但是《环境责任指令》在标题上使用了多有私法指向的“环境责任”（environmental liability）一词，在具体制度设计上涉及费用求偿、类似严格或者过错责任、免责条款、多主体责任分担、诉讼时效等[3]与侵权责任构造具有异曲同工的用语和条款，甚至掩盖了《环境责任指令》本身的公法特色。[4] 日本颁布《公害纠纷处理法》探索多样化的生态环境损害赔偿救济方式，对公害纠纷处理的程序、方式和方法等作出了明确的规定，在实践中以调解磋商赔付方式为主进行生态损害救

---

〔1〕 参见王琪：《公私法互融背景下的域外生态环境损害责任制度对我国的启示》，载《环境保护》2019年第Z1期。

〔2〕 See Gerd Winter, Jan H. Hans & Richard Macrory et al., *Weighning up the EC Environmental Liability Directive*, 20 J. Env. L. 163, 167 (2008).

〔3〕 See Environmental Liability Directive, art. 3, 4, 8, 9, 10.

〔4〕 参见刘静：《论生态损害救济的模式选择》，载《中国法学》2019年第5期。

济。这些域外蓝本给我国探索和建构生态环境损害赔偿制度积累了有益经验。

为破解我国“企业污染、群众受害、政府买单”的困局和适应生态文明制度改革的时代要求，2015 年 12 月，中共中央办公厅、国务院办公厅印发了《生态环境损害赔偿制度改革试点方案》（已失效），在全国 7 省市部署开展改革试点，逐步探索和建立起以生态环境损害修复和赔偿为目标的生态环境损害赔偿制度。2017 年 12 月，中共中央办公厅、国务院办公厅印发了《生态环境损害赔偿制度改革方案》，要求自 2018 年 1 月 1 日起，在全国试行生态环境损害赔偿制度，并提出到 2020 年，力争在全国范围内初步构建责任明确、途径畅通、技术规范、保障有力、赔偿到位、修复有效的生态环境损害赔偿制度。2020 年《固体废物污染环境防治法》《民法典》中明确规定“污染担责”的生态环境损害修复责任和赔偿责任，生态环境损害赔偿制度由此正式成为一项法律制度，在生态环境保护中发挥主要作用。截至 2022 年 11 月，全国各省、自治区、直辖市结合各地生态环境保护实践需要，都制发了生态环境损害赔偿相关的地方法规、规章或规范性文件，用最严格的法律手段推进生态环境损害赔偿制度的践行。

生态环境损害赔偿制度在实践中如火如荼地展开，引起了学界和实务界的广泛关注，尤其是生态环境损害赔偿制度类属公法还是私法，无法通过《环境保护法》《民法典》等法律得以明确。2017 年，贵州省清镇市人民法院办理的贵州省人民政府、息烽公司、开磷公司生态环境损害赔偿案是全国首例由省级人民政府提出申请的生态环境损害赔偿协议司法确认案，该案件不仅化解了磋商协议达成及司法确认过程中存在的若干难题，对构建生态环境损害赔偿协议的司法确认规则和完善生态环境损害赔偿相关机制起着重要的促进作用，还为学界研究生态环境损害赔偿制度的法律属性提供了实践素材。倘若生态环境损害赔偿制度的法律属性未能准确厘定，将难以科学建构生态环境损害赔偿制度，难以为其运行和完善指明方向。

二、案例概况与分析

（一）案件与判决

2012年6月，息烽公司与开磷公司签订《委托劳务协议》，由息烽公司承担开磷公司污泥渣的清运工作。按照要求，污泥渣应该被运往配套建设的交椅山渣场集中处置，但是从2012年年底开始，息烽公司便将污泥渣运往息烽县小寨坝镇大鹰田地块内非法倾倒，该行为直至2015年年底才被贵阳市生态文明建设委员会责令停止。非法倾倒的污泥渣形成长360米，宽100米，堆填厚度最大50米，占地约100亩，堆存量约8万立方米的堆场，这个堆场造成附近地下水及息烽河水质污染。之后，贵阳市环境保护局不仅对案件进行了调查，并作出了关于大鹰田废渣倾倒造成生态环境损害案件的调查报告，还委托了贵州省环境科学研究设计院对受到损害的生态环境进行鉴定评估。贵州省环境科学研究设计院出具的环境污染损害评估报告显示，此次事件前期产生应急处置费用134.2万元，后期废渣开挖转运及生态环境修复费用约为757.42万元。2017年1月13日，贵州省人民政府指定贵州省环境保护厅作为赔偿权利人，在贵州省律师协会指定律师的主持下，就息烽县小寨坝镇大鹰田废渣倾倒造成的生态环境损害赔偿事宜与息烽公司、开磷公司进行磋商并达成《生态环境损害赔偿协议》。

《生态环境损害赔偿协议》的主要内容包括：（1）事实。息烽公司、开磷公司在息烽县小寨坝镇大鹰田非法倾倒工业废渣生态环境损害赔偿纠纷。（2）责任承担、履行方式和期限。由息烽公司、开磷公司将上述废渣全部清运至渣场填埋处置，对渣场清空后的库区覆土回填，覆土后进行植被绿化，并在协议签订后15日内委托第三方按环境污染损害评估报告的意见提出生态环境损害修复方案，经环境保护厅同意后组织实施，在2017年8月30日前完成修复，修复效果由环境保护厅组织评估。（3）前期应急处置费用开磷公司已支付完毕，渣场综合整治及生态修复工程等费用由开磷公司先行承担，息烽公司与开磷公司各自应承担的费用由双方另行协商解决。

2017年1月22日，上述各方主体向贵州省清镇市人民法院申请对该协议进行司法确认。清镇市人民法院依法受理，并于1月23日至2月6日在贵州省高级人民法院门户网站上对各方达成的《生态环境损害赔偿协议》及修复方案等内容进行了公告。公告期满后，清镇市人民法院对协议内容进行了审查并依法裁定确认贵州省环境保护厅、息烽公司、开磷公司于2017年1月13日在贵州省律师协会主持下达成的《生态环境损害赔偿协议》有效。一方当事人拒绝履行或未全部履行的，对方当事人可以向人民法院申请强制执行。3月28日，清镇市人民法院生态保护法庭向申请人送达司法确认书。此后，赔偿义务人按照协议对大鹰田地块开展了生态环境修复，并于2017年12月前自行修复完毕。

（二）核心争议焦点：重要概念界定

1. 生态环境损害赔偿制度的保护对象

生态环境损害赔偿制度的保护对象是生态环境，其中是否包括自然资源需要进一步探究。生态环境与自然资源联系紧密但内涵却有所不同。生态环境是指影响自然生态系统稳定与平衡的各种生态因素的总和。自然资源是指在一定条件下能够满足人类社会生活需要、具有一定经济价值的物质和能量。从定义上来看，生态环境的外延广于自然资源。从范围来看，自然资源是生态环境的重要组成部分。通常加强对自然资源的保护，就是在保护生态环境，而保护生态环境，未必就是在保护自然资源，存在为保护生态环境而破坏自然资源的情形。生态环境是运行复杂的有机体，是一个生态系统，保护生态环境并不意味着要对生态系统中的每一个环境要素或者每一种自然资源都给予保护，而是要从生态系统及其功能运行的整体出发，探究如何保护或者采取何种方式才能最大限度地保护生态环境，适度的人为干预保护会对某些自然资源予以破坏或消灭。从保护的法益来看，生态环境侧重于对生态系统整体功能、生态环境要素价值的整体性保护，即对环境公益或生态法益的保护；自然资源保护侧重于对其经济价值的保护，即财产法益或私益的保护。由此可知，生态环境的内涵较自然资源更为丰富，对自然资源的保护并不完全等同于对生态环境或生态系统的保护。

《生态环境损害赔偿制度改革试点方案》《生态环境损害赔偿制度改革方案》中将“生态环境损害”界定为，生态系统的不利改变和功能退化，并明确将生态损害期间损失、生态功能永久性损害等列入赔偿范围。[1] 从其对生态环境损害的界定、赔偿范围的规定中，可以看出生态环境赔偿制度的救济对象是生态环境损害，而非自然资源损害。[2]

2. 生态环境损害赔偿制度的适用对象

生态环境损害包括环境污染和生态破坏两类，厘清二者术语上的定义能更好地认识生态环境损害赔偿制度的责任性质。环境污染的概念从立法和司法上都得到了简明扼要的统一，在学界也形成了较为完整的理论体系。我国早在1978年《宪法》修改中首次提出“国家保护环境和自然资源，防治污染和其他公害。”随着立法的不断完善和发展，蔡守秋教授在其主编的教材中阐述，环境污染一般来说就是指因为某个物种或者行为的介入，环境本身的特性发生了变化，该变化包括了化学性、物理性、生物或者放射性等方面，引起环境自身承载能力的下降，从而影响人类对环境资源的利用且不利于包括人类在内的所有生物的基本生存和不断发展的现象。[3] 而现代立法中对生态破坏的定义尚未明确，学界对“生态破坏”的理解多种多样。例如张忠民教授以简单的文字描述了生态破坏状态的形成过程，即人类对系统中包含环境等各种要素的不合理开发利用并造成能量受损且超过了自身恢复能力的过度索取的一种违背自然规律的现象。[4] 韩德培教授在其主编教材中以列举的方式对“生态破坏”下定义，指出生活环境和自然环境的破坏都属于生态破坏，

---

〔1〕《生态环境损害赔偿制度改革试点方案》规定，生态环境损害，是指因污染环境、破坏生态造成大气、地表水、地下水、土壤等环境要素和植物、动物、微生物等生物要素的不利改变，及上述要素构成的生态系统功能的退化。相较《生态环境损害赔偿制度改革试点方案》，《生态环境损害赔偿制度改革方案》增加了“森林”这一环境要素。在环境要素中这两个方案都明确规定了并不存在自然资源国家所有权的大气。

〔2〕参见晋海、许正豪：《生态环境损害赔偿诉讼法律性质新论》，载《河海大学学报（哲学社会科学版）》2022年第4期。

〔3〕参见蔡守秋主编：《环境资源法教程》，高等教育出版社2017年版，第7页。

〔4〕参见张忠民：《生态破坏的司法救济——基于5792份环境裁判文书样本的分析》，载《法学》2016年第10期。

但自然环境是首要方面。[1] 竺效教授基于环境污染转化说[2]认为，生态破坏和环境污染不能分开来讨论，环境污染达到一定程度就会造成生态破坏。[3] 息烽案中的废渣污染造成了周围地下水及息烽河水质生态破坏便有效印证了竺效教授的观点。以上学者的代表性观点各有侧重，都为具体明确"生态破坏"的定义提供了借鉴和思考。

环境污染和生态破坏都是实践中需要解决的重大环境问题，二者之间既有联系又有区别。一是二者都强调人类的不合理因素；二是按照部分学者的观点，环境污染达到一定程度会转化成为生态破坏；三是生态破坏和环境污染可能同时出现在同一个行为当中，且不存在时间上的先后；四是生态破坏侧重于生态系统的整体性，强调人类过度索取超出了生态的平衡范围和自我修复能力，导致某一环节出现问题进而使得整个系统运行不流畅，而环境污染侧重于某个特定领域范围内环境受到损害导致人的利益受损，可以理解为环境质量下降和人的生存发展受阻。

那么，现有法律对环境污染和生态破坏的责任是如何规制的呢？作为私法规范的《民法典》侵权责任编中专章规定了"环境污染和生态破坏责任"。作为公法规范的《环境保护法》明确了损害担责的原则，要求对环境和生态造成损害的，应当承担责任。《最高人民法院关于审理环境民事公益诉讼案件适用法律若干问题的解释》中也规定了对污染环境、破坏生态的行为可以提起公益诉讼，并要求承担相应的民事法律责任。基于现有法律及司法文件的规定，环境污染和生态破坏的法律责任既有私法中的民事责任，也有公法中

---

〔1〕 参见韩德培主编：《环境保护法教程》（第7版），法律出版社2015年版，第3页。

〔2〕 环境污染转化说认为生态破坏就是由人类对环境的污染转化而来的，即互为因果。

〔3〕 参见竺效：《论环境侵权原因行为的立法拓展》，载《中国法学》2015年第2期。

的行政、刑事责任。依据《生态环境损害赔偿制度改革方案》第3条[1]及2022年生态环境部、最高人民法院、最高人民检察院等公布的《生态环境损害赔偿管理规定》第4条第3款[2]和第5条[3]对生态环境损害赔偿制度适用范围的规定可知，造成生态环境严重损害的案件才适用生态环境损害赔偿制度，但是仍旧无法判断行为人所需承担的生态环境损害赔偿的责任性质，并且如何正确理解前述法律及司法文件中对环境污染和生态破坏责任的有关规定，仍有待深入研究。

（三）生态环境损害赔偿制度的法律性质争议

生态环境损害赔偿制度的法律性质不仅是一个重要的理论问题，也是一个与司法实务紧密相关的重大实践问题，关系着生态环境损害赔偿制度的建构、展开和落实。理论结合司法实践，下面将着重从争议颇多的理论基础、行政磋商、诉讼及赔偿责任四个维度来探析生态环境损害赔偿制度的性质。

1. 生态环境损害赔偿制度理论基础之争

关于生态环境损害赔偿制度的理论基础，我国环境法学界主要形成了两种主流观点，即自然资源国家所有权理论和国家环境保护义务理论。自然资

---

〔1〕《生态环境损害赔偿制度改革方案》规定，“三、适用范围　本方案所称生态环境损害，是指因污染环境、破坏生态造成大气、地表水、地下水、土壤、森林等环境要素和植物、动物、微生物等生物要素的不利改变，以及上述要素构成的生态系统功能退化。（一）有下列情形之一的，按本方案要求依法追究生态环境损害赔偿责任：1. 发生较大及以上突发环境事件的；2. 在国家和省级主体功能区规划中划定的重点生态功能区、禁止开发区发生环境污染、生态破坏事件的；3. 发生其他严重影响生态环境后果的。各地区应根据实际情况，综合考虑造成的环境污染、生态破坏程度以及社会影响等因素，明确具体情形。（二）以下情形不适用本方案：1. 涉及人身伤害、个人和集体财产损失要求赔偿的，适用侵权责任法等法律规定；2. 涉及海洋生态环境损害赔偿的，适用海洋环境保护法等法律及相关规定”。

〔2〕《生态环境损害赔偿管理规定》第4条第3款规定，“以下情形不适用本规定：（一）涉及人身伤害、个人和集体财产损失要求赔偿的，适用《中华人民共和国民法典》等法律有关侵权责任的规定；（二）涉及海洋生态环境损害赔偿的，适用海洋环境保护法等法律及相关规定”。

〔3〕《生态环境损害赔偿管理规定》第5条规定，“生态环境损害赔偿范围包括：（一）生态环境受到损害至修复完成期间服务功能丧失导致的损失；（二）生态环境功能永久性损害造成的损失；（三）生态环境损害调查、鉴定评估等费用；（四）清除污染、修复生态环境费用；（五）防止损害的发生和扩大所支出的合理费用”。

源国家所有权理论的基本逻辑是依据《宪法》第9条和《民法典》物权编第246—251条的规定，主张将自然资源“物化”为财产，将国家视为民法意义上的所有权主体，由国务院代表国家行使所有权，国务院授权省、市两级政府作为行使国家所有权的民事主体，通过开展生态环境损害赔偿磋商或者诉讼来救济受损的生态环境。遵循此逻辑，生态环境损害赔偿磋商和诉讼都具有民事属性，归属于私法范畴。该观点被立法者采用，在《生态环境损害赔偿制度改革方案》中规定“国务院授权省级、市地级政府（包括直辖市所辖的区县级政府，下同）作为本行政区域内生态环境损害赔偿权利人”，“国务院直接行使全民所有自然资源资产所有权的，由受委托代行该所有权的部门作为赔偿权利人开展生态环境损害赔偿工作”。但是有不少学者质疑，一是《生态环境损害赔偿制度改革方案》和《最高人民法院关于审理生态环境损害赔偿案件的若干规定（试行）》均未将生态环境损害赔偿制度的保护对象限定为“自然资源”，而自然资源国家所有权理论的适用范围有限，既不能涵盖对生态系统服务功能的所有权，也不能涵盖对空气、阳光等生态环境要素的所有权。由此，政府行政机关对于这些不属于国家所有的公众共用物主张权利缺乏充分的法理基础。〔1〕二是《民法典》物权编中虽然有自然资源国家所有权的相关条款，但是对侵权责任编中生态环境损害赔偿权利人的权源问题语焉不详，不能解释行政机关在生态环境损害赔偿过程中对生态环境损害进行事实调查、鉴定评估和修复方案制定时要遵照公法规范的事实，也不能解释行政机关监管修复行动的身份。〔2〕三是倘若以自然资源国家所有权作为理论基础，行政机关作为赔偿权利人在救济受损生态环境过程中易出现行政职权和民事权利混同问题，〔3〕在一定程度上，还会出现将社会主义公有制意义上的“国家所有”异化为私有制意义上的“个体权利”，国家成为通过占有自

---

〔1〕参见曹明德：《〈民法典〉生态环境损害赔偿条款法理辨析》，载《法律科学（西北政法大学学报）》2022年第1期。

〔2〕参见程玉：《我国生态环境损害赔偿制度的理论基础和制度完善》，载《中国政法大学学报》2022年第1期。

〔3〕参见肖萍、卢群：《论生态环境损害赔偿权利人的法律地位》，载《江西社会科学》2019年第6期。

然资源获利的纯经济组织。[1] 这些不利的后果给环境法治逻辑的自洽性及制度的整体性造成不可忽视的漏洞。[2]

国家环境保护义务理论的基本逻辑是依据《宪法》第9条、第26条和第89条以及《环境保护法》第6条和第28条等规定，政府是被赋予行政职权的行政主体，在生态环境领域履行其法定职责而实施生态环境损害赔偿行政磋商和提起生态环境损害赔偿诉讼。相较于自然资源国家所有权理论，该理论的保护对象指向了“生态环境”而非“自然资源”，弥补了自然资源国家所有权理论不周延的问题，同时，将行政机关作为赔偿权利人落实生态环境损害赔偿制度定性为政府的法定职责，限制了行政机关对自然资源、生态环境的私自处分。但是，该理论也同样存在解释困境。一是该理论的权利依据不足。法理学通说认为，权力必须来源于权利。国家环境保护义务理论却不能说明国家权力背后的权利依据，只能推导出国家是生态环境公共利益的维护者和代表者，无法证成作为社会力量的环保组织提起环境民事公益诉讼的理论基础。[3] 二是该理论可能会模糊国家所有自然资源和集体所有自然资源的边界，存在侵犯集体的所有权权益的情形。因为按照该理论框架，所有自然资源均应纳入生态环境范畴，由行政机关统一监管、执法、修复和追责，此时难以避免会损害到集体自然资源的所有权权益。三是该理论与生态文明体制改革精神及实践制度的运行相背离。生态文明体制改革将自然资源部门负责统一行使的全民所有自然资源资产所有权人的职责层层委托给地方代理行使，[4] 倘若以该理论为理论基础，将会剥离、虚置自然资源部门代行的所有权权益。因为实践中存在政府指定生态环境部门作为赔偿权利人履行法定职责的情况，所以自然资源部门代行所有权权益的权力便被虚置；而且，以行

[1] 参见张宝：《生态环境损害政府索赔制度的性质与定位》，载《现代法学》2020年第2期。

[2] 参见陈海嵩：《生态环境损害赔偿制度的反思与重构——宪法解释的视角》，载《东方法学》2018年第6期。

[3] 参见程玉：《我国生态环境损害赔偿制度的理论基础和制度完善》，载《中国政法大学学报》2022年第1期。

[4] 参见陈静、郭志京：《自然资源资产国家所有权委托代理机制分析》，载《中国土地》2020年第9期。

政磋商协议的方式代行所有权权益并进行司法确认的意义和价值难以解释。

2. 生态环境损害赔偿磋商性质之争

2017 年《生态环境损害赔偿制度改革方案》正式明确了生态环境损害赔偿诉讼制度，并将磋商作为提起此类诉讼的前置程序。为了将生态环境损害赔偿制度从政策层面上升到法律层面，《民法典》第 1234 条和第 1235 条明确了生态环境损害的修复和赔偿规则，为私法路径下的生态环境损害救济模式提供了更为坚实的规范基础，但是关于磋商制度的性质在立法规制上尚属空白。磋商制度是化解生态环境损害纠纷的重要路径，息烽案以磋商的方式解决了生态环境纠纷，不仅节约了司法成本，也增强了企业主动修复生态环境的积极性，这与构建生态环境损害赔偿制度的目标相契合。不过，当前的立法始终缺乏对磋商制度的体系安排，导致理论与实践难以融洽和贯通。主要体现在：生态环境损害赔偿磋商程序由行政机关主动开启，含有典型的公权力和公法色彩，但在磋商的整个环节中，各方主体之间是平等和自愿的关系，集中体现了私法特质。那么，经磋商达成的磋商协议是行政协议还是民事协议？磋商协议的性质决定着磋商制度的程序规则设计，也决定着生态环境损害赔偿磋商结果的司法效果。关于生态环境损害赔偿磋商协议的法律性质主要形成了三种观点，即行政协议说、民事协议说和双阶构造说。

行政协议说主要从主体、程序、权力属性、司法文件等方面来考量磋商制度的法律属性。一是认为磋商主体之间法律地位是“非平等性”的，行政机关单方主导磋商程序的启动，并且还作为主体参与磋商协议形成的整个环节。也就是说，生态环境损害赔偿磋商是由公权力机关介入的公法磋商制度，省、地市级政府及其指定的行政机关主动磋商的行为属于具有公法性质的协商行政行为，与平等主体之间的民事协商存在显著区别，因此，磋商协议应该认定为行政协议。二是认为磋商本质上属于运用行政权来实现环境行政管理的目的，即便是具有私法色彩的制度安排，亦不会改变磋商的公权行政属性，这种环境行政权实施下的产物应该视为行政协议。三是依据 2019 年公布的《最高人民法院关于审理行政协议案件若干问题的规定》中认定行政协议的四要素，生态环境损害赔偿行政磋商协议属于行政协议具有逻辑自洽性。

然而，行政协议说具有局限性。一是磋商是行政行为与行政行为的定义逻辑难以自洽。行政行为是指行政主体在行政相对人的合作下所作的公共服务行为，合作和公共服务是行政行为成立的条件，磋商中有合作，但未必是行政行为。二是若磋商属于行政权的范畴，当生态环境损害赔偿磋商失败或者赔偿义务人不履行具有行政协议性质的磋商协议时，政府便无法基于“行政协议”提起由行政权行使而产生争议的行政诉讼，如此《生态环境损害赔偿制度改革方案》设定的权利就失去了实际意义。[1]

民事协议说认为磋商的目的是通过平等、协商的方式确定生态环境修复方案和赔偿数额，当赔偿权利人向赔偿义务人进行索赔时，双方不再是行政管理者与被管理者的身份，而是平等的民事主体，故将生态环境损害赔偿磋商行为界定为民事行为。就磋商形成的法律关系而言，国家机关和赔偿义务人所形成的法律关系是一种公法背景下的民事私法关系。该观点将行政机关看作“脱下制服、换上便装”的一般民事主体，代表国家与赔偿义务人进行协商，在遵循平等自愿原则的基础上达成磋商协议，以实现维护环境公共利益的目标；磋商程序与以调解、和解为私法代表的传统民事救济途径具有内在一致性，磋商有民事调解、和解的特征，不排除第三方介入周旋。因此，将生态环境损害赔偿磋商制度的性质界定为民事属性具有合理性。

双阶构造说集合了行政协议说及民事协议说的特点，周全了前述两个学说在生态环境损害赔偿磋商性质上的不足，形成具有双阶构造法律属性的协议以相互补足。其将生态环境损害赔偿磋商过程按照相关要素一分为二，在作出磋商决定阶段，行政机关以行政主体的身份开展生态环境损害调查、评估、修复、赔偿等工作，这是基于公法关系而做出的行政行为；磋商协议的形成及履约阶段表现为一个协议从谈判到成立再到履行的全过程，属于私法规范调整的范畴，行政机关与环境危害行为人形成的是民事法律关系。简言之，整个磋商程序为公法属性，而磋商协议为民事协议。[2] 此种界定方法有

---

[1] 参见陈俊宇、徐澜波：《生态环境损害赔偿磋商协议之性质厘定与司法效果》，载《当代法学》2022 年第 6 期。

[2] 参见潘佳：《生态环境损害赔偿磋商制度解构》，载《法律适用》2019 年第 6 期。

规避生态环境损害赔偿磋商协议法律属性争议的嫌疑，是无法明确界定磋商协议法律性质的，并且还可能造成司法救济的复杂性。一个行为需要通过两种不同性质的法律规范进行规制，会将单一的法律救济路径转化为并列的双轨制，有导致救济路径不明或者混乱的风险。

3. 生态环境损害赔偿诉讼性质之争

关于生态环境损害赔偿诉讼的法律性质主要形成了五种观点，即私益诉讼说、特殊环境民事公益诉讼说、国益诉讼说、混合诉讼说和特别诉讼说。

私益诉讼说认为生态环境损害赔偿诉讼本质上是私益诉讼。按照《民事诉讼法》的规定，判定某类诉讼是否为私益诉讼，则需要看原告是否与本案有直接利害关系。生态环境损害赔偿诉讼的实体权利是自然资源国家所有权，[1] 在生态环境损害赔偿案件中，自然资源国家所有权是私权，国家是所有权人，当国有自然资源遭受破坏时，代表国家的政府与其有直接利害关系。因此判定生态环境损害赔偿诉讼属于私益诉讼，与普通民事诉讼无异。[2]

特殊环境民事公益诉讼说认为，生态环境损害赔偿诉讼是特殊的环境民事公益诉讼，[3] 生态环境利益属于“公益”范畴，基于此引发的诉讼及提出的诉讼请求，在诉讼目的层面与环境民事公益诉讼并无二致。相较环境民事公益诉讼，生态环境损害赔偿诉讼在适用范围及磋商程序等方面有其特殊性。[4]

国益诉讼说认为生态环境损害赔偿诉讼应该是国益诉讼，其诉权基础是自然资源国家所有权。国家所有的自然资源归全民所有，但“全民”不能成为特定个体权利上的法律概念，因此生态环境损害赔偿诉讼不是私法诉讼。

---

〔1〕 参见黄萍：《生态环境损害索赔主体适格性及其实现——以自然资源国家所有权为理论基础》，载《社会科学辑刊》2018 年第 3 期。

〔2〕 参见汪劲：《论生态环境损害赔偿诉讼与关联诉讼衔接规则的建立——以德司达公司案和生态环境损害赔偿相关判例为鉴》，载《环境保护》2018 年第 5 期。

〔3〕 参见林莉红、邓嘉咏：《论生态环境损害赔偿诉讼与环境民事公益诉讼之关系定位》，载《南京工业大学学报（社会科学版）》2020 年第 1 期。

〔4〕 参见李浩：《生态损害赔偿诉讼的本质及相关问题研究——以环境民事公益诉讼为视角的分析》，载《行政法学研究》2019 年第 4 期。

而且，“全民所有”所蕴含的国家利益有明确的代表者和监督者，而公共利益缺乏代表者，所以生态环境损害赔偿诉讼也不是公益诉讼。[1]

混合诉讼说认为生态环境损害赔偿诉讼是一种公私交融的诉讼，自然资源国家所有权作为其诉权基础，具有私权和公权双重属性。[2] 作为私权的自然资源国家所有权，其行使的目的在于维护和保障私益，此时可视为普通所有权；作为公权的自然资源国家所有权，其行使的目的在于维护公共福祉。[3]

特别诉讼说认为生态环境损害赔偿诉讼的实体权利基础是政府及其部门的环境监管职责，行政机关主导下的磋商行为是行政行为，同时，生态环境损害赔偿责任并非私法责任，而是一种新型的环境法律责任。[4]

4. 生态环境损害赔偿责任性质之争

生态环境损害赔偿责任的性质不清晰对赔偿诉讼性质的辨析产生了直接影响。关于生态环境损害赔偿责任的性质主要有行政责任说、民事责任说、责任并存说和新型环境责任说四种观点。[5]

行政责任说主张，生态环境损害赔偿责任本质上是生态修复责任，是一种行政责任而并非民事责任。生态修复责任是环保行政主管机关依据公法规范督促监管污染者、破坏者实施生态损害修复的公法责任。[6]

民事责任说认为，生态环境损害赔偿制度的目的在于填补与救济受损的生态利益，尽管采取了公法和私法手段共同维护生态环境利益，但其本质是民事责任。[7] 这是缘于在生态环境损害赔偿案件中，赔偿权利人与赔偿义务

---

〔1〕 参见肖建国：《利益交错中的环境公益诉讼原理》，载《中国人民大学学报》2016 年第 2 期。

〔2〕 参见叶榅平：《自然资源国家所有权的双重权能结构》，载《法学研究》2016 年第 3 期。

〔3〕 参见宋丽容：《生态环境损害赔偿与社会组织公益诉讼之衔接》，载《中国环境管理干部学院学报》2018 年第 5 期。

〔4〕 参见史玉成：《生态环境损害赔偿制度的学理反思与法律建构》，载《中州学刊》2019 年第 10 期。

〔5〕 参见晋海、许正豪：《生态环境损害赔偿诉讼法律性质新论》，载《河海大学学报（哲学社会科学版）》2022 年第 4 期。

〔6〕 参见康京涛：《生态修复责任的法律性质及实现机制》，载《北京理工大学学报（社会科学版）》2019 年第 5 期。

〔7〕 参见刘倩：《生态环境损害赔偿：概念界定、理论基础与制度框架》，载《中国环境管理》2017 年第 1 期。

人地位平等，责任不以行为人的主观过错为构成要件，责任范围与生态损害造成的损失相当。[1]

责任并存说认为，生态环境损害赔偿责任既是行政责任，也是民事责任。生态环境损害救济需建立多路径救济模式，对于生态环境损害的应急性救济、生态修复及替代性修复而言，行政主管部门运用行政命令手段进行救济是第一选择；在发生生态环境损害后，尚未或者不可能进行生态修复时，以金钱的方式展开替代修复，充分地发挥生态环境损害赔偿制度的主导作用。[2]

新型环境责任说认为，生态环境损害赔偿制度具有公私法合力救济的特征，相应地，生态环境损害赔偿责任与传统民事赔偿责任明显不相同，表现在价值理念、责任主体、保护法益、侵害后果等方面。生态环境损害赔偿责任是防御责任而非民法上的填补责任，是一种独立的环境法律责任。[3]

综上可知，生态环境损害赔偿制度的理论基础、磋商及诉讼制度、赔偿责任的法律属性争议繁多。其中，不难发现理论基础是该项制度的法律支撑，磋商及诉讼制度乃至责任性质的界定都与理论基础紧密相连，都需要理论基础作为指引。对于选取何种理论作为生态环境损害赔偿制度的理论基础，仍需要进一步探究。

三、结束语

通过前述对自然资源国家所有权和国家环境保护义务理论的阐释，笔者认为应然层面的生态环境损害赔偿制度的理论基础应该是国家环境保护义务理论，理由如下：一是《生态环境损害赔偿制度改革方案》中生态环境损害的定义表明环境及生物要素具有明显的公共属性和社会属性，这决定了生态环境损害赔偿制度的内核是公法。依据《宪法》第26条的规定，国家负有相应的环境保护义务，一旦发生生态环境损害，便触发了采取措施排除现有的

[1] 参见何燕、李爱年：《生态环境损害担责之民事责任认定》，载《河北法学》2019年第1期。
[2] 参见徐以祥：《论生态环境损害的行政命令救济》，载《政治与法律》2019年第9期。
[3] 参见史玉成：《生态环境损害赔偿制度的学理反思与法律建构》，载《中州学刊》2019年第10期。

及潜在的环境危险的国家环境保护义务。二是《宪法》第9条第2款和第26条第1款构成了我国环境保护的“国家目标条款”,[1] 在该目标规范的指引下，作为国家权力的立法权、行政权和司法权都应该为了共同的目标通力协作，使国家环境保护义务得以有效落实，推进生态文明法治建设目标的实现。那么，在该理论基础的指导下，如何思考生态环境损害赔偿磋商、诉讼及责任承担的法律属性呢?

在生态环境损害赔偿磋商机制中，政府或者行政机关作为赔偿权利人通过“公权”的形式赋予赔偿义务人话语权，就受损生态环境展开复杂的利益博弈并达成赔偿协议。整个磋商的环节具有“公法”色彩，而磋商结果的达成具有“私法”的救济习惯，在公私法互融的环境治理时代，以更加柔和的方式化解纠纷，大力节约了司法资源，也能及时救济或者修复受损的生态环境，实现环境治理的双赢。风险社会背景下的环境风险具有不确定性，国家需要承担“环境风险预防”义务并采取切实有效的预防措施防御环境风险。行政机关在磋商无果的前提下借助司法权的力量提起生态环境损害赔偿诉讼，通过诉讼将国家承担的危险性及防御性环境义务授权给省市地级政府，并借助司法路径向污染者或损害者主张生态修复或者赔偿，以最严格的法律保障环境利益受损后能及时获得司法救济，进而更好地维护生态环境秩序。生态环境损害赔偿诉讼虽然适用民事诉讼的程序，但其是基于维护公共的或者社会的环境利益而提起的诉讼，而赔偿权利人角色的设计旨在督促赔偿权利人积极履行环境治理和监管职责，从而实现其“公法行政任务”，即以“私法”程序开展完成“公法”任务。[2] 简言之，无论是生态环境损害赔偿磋商还是生态环境损害赔偿诉讼，都是行政权与司法权合力协作履行政府环境保护职责的有益尝试，经实践检验形成了“公法救济、私法操作”的生态环境损害救济模式。该模式下，生态环境损害赔偿制度是典型的公私法融合的环境法

---

〔1〕 参见聂国良、张成福:《中国环境治理改革与创新》，载《公共管理与政策评论》2020年第1期。

〔2〕 参见曹明德:《〈民法典〉生态环境损害赔偿条款法理辨析》，载《法律科学（西北政法大学学报)》2022年第1期。

制度，其特性也决定了赔偿责任独特的法律属性，即行政机关作为赔偿权利人履行政府法定职责，而追究的生态环境修复责任是行政责任。

综上所述，生态环境损害赔偿制度的性质应该界定为公法，实现保护生态环境公共利益或者国家利益的目标需要借助私法手段来完成。公法与私法相融，恰是生态环境损害赔偿制度的特殊性所在，也是其性质争论不休的缘由。

四、思考题

1. 简述建立生态环境损害赔偿制度的必要性。

2. 简述《民法典》时代生态环境损害赔偿诉讼与环境民事公益诉讼的关系。

3. 简述生态环境损害赔偿诉讼与环境行政公益诉讼的关系。

4. 简述磋商协议拘束力实现的司法救济路径。

五、附录

1. 《宪法》第 9 条、第 26 条和第 89 条。

2. 《民法典》物权编第 246—251 条和侵权责任编第七章“环境污染和生态破坏责任”。

3. 《环境保护法》第 6 条、第 28 条、第 58 条。

4. 《民事诉讼法》第 58 条。

5. 2017 年 12 月，中共中央办公厅、国务院办公厅印发的《生态环境损害赔偿制度改革方案》。

6. 《最高人民法院关于审理生态环境损害赔偿案件的若干规定（试行）》（2020 修正），2019 年公布的《最高人民法院关于审理行政协议案件若干问题的规定》，2016 年最高人民法院印发的《人民法院审理人民检察院提起公益诉讼案件试点工作实施办法》。

案例学习说明

一、学习准备

1. 提前一周布置研究案例。从案例着手，了解生态环境损害赔偿制度的发展历程、基本内涵、争议焦点，课前一天提交案例分析。

2. 学生自主选择分为四组，分别对四道思考题进行剖析与回答。

二、适用对象

主要是法学专业本科以上的学生或者对法律案件具有浓厚研习兴趣的思考者。

三、学习目标

本案例聚焦生态环境损害赔偿制度的内容及性质判定，同时也延伸至建立生态环境损害赔偿制度的必要性及其与关联诉讼的关系等问题。本案例需要解决的关键问题，即本案例教学的目的，在于引导学生通过对司法案例的深入分析，了解司法实践中生态环境损害赔偿制度运行的争议及冲突，理解不同争议背后的立场及论据，进而掌握生态环境损害赔偿制度的基本内涵与关联诉讼的关系，巩固环境法的知识体系。

四、要点分析

（一）建立生态环境损害赔偿制度的必要性

生态环境损害赔偿制度从试点阶段到正式成为一项制度，都有不少学者和实务者对该项制度是否有必要建立及建立的目的何在提出了诸多的疑问。那么，究其缘由，建立生态环境损害赔偿制度的核心是什么、是否有必要？需要深入研究以更好地理解或者认识生态环境损害赔偿制度。

生态环境损害赔偿制度改革的核心是探索省市地级政府作为赔偿权利人提起生态环境损害赔偿磋商或诉讼，以破解“公地悲剧”导致的生态环境损害长期得不到救济的困局。[1] 建立生态环境损害赔偿制度，除了是实现损害担责及履行政府环境保护职责的需要，还是弥补制度缺失的需要。那么，如何理解制度缺失，与之对应的生态环境损害是否属于现行法律未规定的事项？一是将市地级以上的政府作为赔偿权利人，弥补现行法律中国有自然资源受损后具体索赔主体缺失的困境。二是对生态环境损害的救济无外乎采取民事、行政、刑事手段救济。首先，2015 年开展生态环境损害赔偿制度试点时，以侵权法为代表的私法体系未对生态环境损害赔偿作出安排，同时，根据我国《环境保护法》第 58 条、2017 年《民事诉讼法》[2]第 55 条以及《人民法院审理人民检察院提起公益诉讼案件试点工作实施办法》的规定，对污染环境、破坏生态，损害社会公共利益的行为，符合特定条件的社会组织和检察机关可依法提起环境民事公益诉讼；人民检察院可以督促行政机关履行职责或者向法院提起行政公益诉讼，但是这些规定中并未对生态环境损害赔偿作出较为具体的规定，实践操作性空间受限。其次，在《环境保护法》及行政法、各污染防治法中，主要是采取行政处罚、行政命令等手段措施追究行为主体的行政责任，但是环境行政责任违法成本低，并未起到法律的威慑作用；若前述的环境违法行为构成犯罪，则应承担刑事责任，但是刑法中有关环境犯罪的规定是为应对日益严重的生态危机而产生的，而当时的立法现状却与时代要求的生态保护需求相差甚远，生态环境利益、自然的权利并不是刑法保护的目标。在此背景下，生态环境损害赔偿制度应运而生，赋予政府作为赔偿权利人及环境监管者的双重身份，通过行政权与司法权互动、行政磋商与诉讼机制衔接实现生态环境损害救济及时、生态利益保护到位、生态秩序稳定和谐。

（二）《民法典》时代生态环境损害赔偿诉讼与环境民事公益诉讼的关系

生态环境损害赔偿诉讼与环境民事公益诉讼既有联系又有区别，理顺二者的关系能增强司法实践的适用性，更好地实现生态环境保护的目标。2020

---

〔1〕 参见张宝：《生态环境损害政府索赔制度的性质与定位》，载《现代法学》2020 年第 2 期。

〔2〕 现行《民事诉讼法》第 58 条。

年出台的《民法典》第1234条[1]和第1235条[2]赋予了政府提起生态环境损害赔偿诉讼的实体法依据，将生态环境损害纳入民事救济路径之中。显然，这也是对《生态环境损害赔偿制度改革方案》的重要内容予以法律确认，使生态环境损害赔偿诉讼回归公益诉讼的本位。

生态环境损害赔偿诉讼与环境民事公益诉讼都以维护生态环境整体利益为依归，让环境损害者承担修复赔偿责任，二者在价值目的及责任承担方式上是高度相似的。差异体现在：一是制度依据不同，前者的制度依据是国家政策文件，而后者是依据《民事诉讼法》第58条、《环境保护法》第58条及最高人民法院的司法文件。二是适用范围不同，前者依据定义可知适用范围以行为"违法"为前提，且限于"发生严重影响生态环境后果"的三类特定情形；后者范围宽泛，只要是因污染环境、破坏生态导致公益损害或者可能导致公益损害均在被诉的范围内，不以行为是否违法、是否必然存在损害结果为必要条件。三是主体不同，前者限于省市地级政府或者其指定的行政机关，后者是符合《环境保护法》第58条规定的环保组织和检察机关。四是程序不同，前者有磋商作为前置程序，后者无前置程序。

《民法典》生态环境损害条款将生态环境损害赔偿诉讼定位为公益诉讼，则其与环境民事公益诉讼的顺位设置如何衔接。《最高人民法院关于审理生态环境损害赔偿案件的若干规定（试行）》中确定了生态环境损害赔偿诉讼优先于环境公益诉讼的规则，填补了两类诉讼衔接的空白，但在实践中仍然会出现两类诉讼冲突，即存在两诉主体同时或者先后向相同法院或不同法院提起诉讼的情形，此时如何进行协调。这样的情形需要对两诉进行微调并视实际

---

[1] 《民法典》第1234条 违反国家规定造成生态环境损害，生态环境能够修复的，国家规定的机关或者法律规定的组织有权请求侵权人在合理期限内承担修复责任。侵权人在期限内未修复的，国家规定的机关或者法律规定的组织可以自行或者委托他人进行修复，所需费用由侵权人负担。

[2] 《民法典》第1235条 违反国家规定造成生态环境损害的，国家规定的机关或者法律规定的组织有权请求侵权人赔偿下列损失和费用：（一）生态环境受到损害至修复完成期间服务功能丧失导致的损失；（二）生态环境功能永久性损害造成的损失；（三）生态环境损害调查、鉴定评估等费用；（四）清除污染、修复生态环境费用；（五）防止损害的发生和扩大所支出的合理费用。

情况类型化处理：首先，综合考量，对已履行前置程序并达成磋商协议的生态环境损害赔偿案件不再适用环境民事公益诉讼[1]。其次，《最高人民法院关于审理生态环境损害赔偿案件的若干规定（试行）》第16条规定在生态环境损害赔偿案件审理过程中提起民事公益诉讼的，应当由前诉法院同一审判组织审理；第17条规定两诉同时受理时应中止民事公益诉讼，先审理生态环境损害赔偿诉讼，再就“未被涵盖的诉讼请求”作补充裁判；第18条规定两诉中任一诉讼裁判生效后又提起另一诉讼，则只能就“前案审理时尚未发现的损害”提起[2]。最后，正式起诉前，通过政府公开网站或者法院公开网站广而告之，允许环境民事公益诉讼原告、潜在的利益相关方等主体参加生态环境损害赔偿诉讼，尽可能在起诉阶段充分吸收各方诉求，避免同案多诉。以此，“协调统筹”两诉顺位，以提高诉讼效率、化解生态环境损害纠纷。

（三）生态环境损害赔偿诉讼与环境行政公益诉讼的关系

环境行政公益诉讼又称检察公益诉讼，是特殊的行政诉讼，根据《行政诉讼法》第25条第4款的规定，人民检察院在履行职责中发现生态环境和资源保护领域负有监督管理职责的行政机关违法行使职权或者不作为，致使国家利益或者社会公共利益受到侵害的，应当向行政机关提出检察建议，督促其依法履行职责。行政机关不依法履行职责的，人民检察院依法向人民法院提起诉讼。环境行政公益诉讼对生态环境治理依法行政的运行效果提出了高标准和强约束力。

生态环境损害赔偿诉讼与环境行政公益诉讼的目的都是保护生态环境公共利益，为治理生态环境提供制度支撑，但是二者也存在诸多不同之处，如主体、制度来源、实体法依据、性质、制度运行等。鉴于前述均有提及，此处便不再赘述。厘清二者的关系定位和衔接规则需要重点关注以下方面。第

[1] 参见徐忠麟、夏虹：《生态环境损害赔偿与环境民事公益诉讼的冲突与协调》，载《江西社会科学》2021年第7期。

[2] 参见巩固：《生态环境损害赔偿诉讼与环境民事公益诉讼关系探究——兼析〈民法典〉生态赔偿条款》，载《法学论坛》2022年第1期。

一，生态环境损害赔偿诉讼侧重于修复生态环境，环境行政公益诉讼侧重于让侵权行为人承担停止侵害、恢复原状等侵权责任，相比之下，前者更加注重生态环境的修复及治理工作。第二，建立生态环境损害赔偿诉讼与环境行政公益诉讼之间的衔接机制，可以使污染防治和环境修复有机结合，形成合力助力生态环境有效治理。首先，对于同一生态环境损害案件，两诉要坚持交流磋商优先，确定生态环境损害赔偿诉讼第一顺位，再由环境行政公益诉讼发挥补充功效。其次，检察机关与生态环境、自然资源等行政机关积极建立常态化、制度化的线索双向移送机制，对符合条件的则开展生态环境损害赔偿诉讼，不符合条件的则支持检察机关开展环境行政公益诉讼。同时，在生态环境损害案件中，检察机关在调查取证、法律业务方面具有专业优势，行政机关在案件资料、信息资源等方面更专长，双方在个案中加强协作配合，对生态环境损害案件磋商或诉讼的成功有很大帮助。最后，检察机关作为法律监管机关，要充分发挥其监督职能，监督行政机关在案件办理中是否依法履职、磋商结果或者判决结果是否公正合法、赔偿义务人是否将其应承担的责任履行到位等。[1]

（四）磋商协议拘束力实现的司法救济路径

无救济则无权利，生态环境损害赔偿磋商协议最终需要通过司法救济予以落实。息烽案中《生态环境损害赔偿协议》的内容就是通过诉讼程序法中的法院司法确认制度，被赋予了司法强制执行力。若赔偿义务人不履行或者在执行中未按照协议履行生态环境修复的义务，则赔偿权利人有权向人民法院申请强制执行。然而，对于未经司法确认的磋商协议的强制效力如何认定，只有通常的习惯做法却无明确的规范文件予以回应。有学者提出可以参照民事和解的司法实践及法律规定，将磋商协议视为民事合同之债，使其能和普通民事合同一样，在赔偿义务人未履行或不完全履行磋商协议时，赔偿权利人基于民事合同之债确立的权利义务关系，可以以合同违约为由向人民法院

〔1〕参见谭支差、万莞榕：《检察公益诉讼与生态环境损害赔偿的衔接配合》，载《检察日报》2022年3月31日，第7版。

提起履行和解协议之诉；相应地，诉讼标的由生态环境损害赔偿的“侵权之债”法律关系转变为磋商协议履行的“合同之债”法律关系。此种做法不仅能保证磋商的有效性，避免行政磋商结果付之东流，还能避免赔偿权利人陷于复杂的程序摸索导致生态环境无法获得及时救济等问题。[1]

五、学习安排

案例学习拟4个学时，内容分为三个阶段：

第一阶段——案件介绍，引导学生了解建立生态环境损害赔偿制度的历史背景。

第二阶段——思考题解析。本案例重点讨论以下四个问题，由小组分别进行汇报，指定其他小组两位同学进行评议：

1. 建立生态环境损害赔偿制度的必要性。

2. 《民法典》时代生态环境损害赔偿诉讼与环境民事公益诉讼的关系。

3. 生态环境损害赔偿诉讼与环境行政公益诉讼的关系。

4. 磋商协议拘束力实现的司法救济路径。

第三阶段——教师总结、评价。

六、其他学习支持

1. 刘静：《论生态损害救济的模式选择》，载《中国法学》2019年第5期。

2. 晋海、许正豪：《生态环境损害赔偿诉讼法律性质新论》，载《河海大学学报（哲学社会科学版）》2022年第4期。

3. 蔡守秋主编：《环境资源法教程》，高等教育出版社2017年版。

4. 王灿发、王雨彤：《生态环境损害赔偿诉讼责任承担方式的反思与完善》，载《环境保护》2022年第9期。

5. 陈俊宇、徐澜波：《生态环境损害赔偿磋商协议之性质厘定与司法效果》，载《当代法学》2022年第6期。

---

〔1〕 参见陈俊宇、徐澜波：《生态环境损害赔偿磋商协议之性质厘定与司法效果》，载《当代法学》2022年第6期。

6. 程玉：《我国生态环境损害赔偿制度的理论基础和制度完善》，载《中国政法大学学报》2022 年第 1 期。

7. 张宝：《生态环境损害政府索赔制度的性质与定位》，载《现代法学》2020 年第 2 期。

8. 陈海嵩：《生态环境损害赔偿制度的反思与重构——宪法解释的视角》，载《东方法学》2018 年第 6 期。

9. 曹明德：《〈民法典〉生态环境损害赔偿条款法理辨析》，载《法律科学（西北政法大学学报）》2022 年第 1 期。

10. 潘佳：《生态环境损害赔偿磋商制度解构》，载《法律适用》2019 年第 6 期。

11. 黄萍：《生态环境损害索赔主体适格性及其实现——以自然资源国家所有权为理论基础》，载《社会科学辑刊》2018 年第 3 期。

12. 汪劲：《论生态环境损害赔偿诉讼与关联诉讼衔接规则的建立——以德司达公司案和生态环境损害赔偿相关判例为鉴》，载《环境保护》2018 年第 5 期。

13. 李浩：《生态损害赔偿诉讼的本质及相关问题研究——以环境民事公益诉讼为视角的分析》，载《行政法学研究》2019 年第 4 期。

14. 叶榅平：《自然资源国家所有权的双重权能结构》，载《法学研究》2016 年第 3 期。

15. 史玉成：《生态环境损害赔偿制度的学理反思与法律建构》，载《中州学刊》2019 年第 10 期。

16. 何燕、李爱年：《生态环境损害担责之民事责任认定》，载《河北法学》2019 年第 1 期。

17. 徐以祥：《论生态环境损害的行政命令救济》，载《政治与法律》2019 年第 9 期。

18. 巩固：《生态环境损害赔偿诉讼与环境民事公益诉讼关系探究——兼析〈民法典〉生态赔偿条款》，载《法学论坛》2022 年第 1 期。

19. 竺效：《论环境侵权原因行为的立法拓展》，载《中国法学》2015

年第2期。

20. 张忠民：《生态破坏的司法救济——基于5792份环境裁判文书样本的分析》，载《法学》2016年第10期。